Betriebsratsarbeit digital

Einleitung

Die fortschreitende Digitalisierung ist für Betriebsräte nicht nur mit Veränderungen und Erweiterungen bei den Beteiligungs- und Mitbestimmungsrechten verbunden. Sie hat auch Einfluss darauf, wie, wo, in welcher Form und mit welcher IT bzw. Kommunikationstechnik (IuK-Technik) Betriebsratsaufgaben erledigt werden können. Der Einsatz digitaler Technologien kann nicht nur den Austausch, die Gewinnung und die Verarbeitung von Informationen erleichtern. Selbst virtuelle Sitzungen sind möglich und erlauben den Betriebsratsmitgliedern, unabhängig von räumlichen Entfernungen in Echtzeit zu kommunizieren.

Allerdings ist die Digitalisierung der Betriebsratsarbeit mit zahlreichen arbeitsrechtlichen Fragestellungen verbunden. Diese erstrecken sich u. a. auf die Zulässigkeit der Betriebsratsarbeit von zu Hause aus (Homeoffice), auf die Kommunikation innerhalb des BR, aber auch mit den Arbeitnehmern und dem Arbeitgeber, die Nutzung des Intranets, des Internets sowie sozialer Netzwerke. Darüber hinaus wird häufig zu klären sein, ob bzw. in welchem Umfang der BR mit IuK-Technik auszustatten ist. Der BR kann auch vor der Frage stehen, ob (Ausschuss-)Sitzungen, Betriebsversammlungen bzw. Sprechstunden virtuell durchgeführt werden dürfen bzw. die Zuschaltung einzelner Teilnehmer zu einer Präsenzveranstaltung zulässig ist. Die digitale Betriebsratsarbeit ist nicht zuletzt mit datenschutzrechtlichen Fragen verbunden. Auch diese können wiederum einen Schulungsbedarf mit der im Rahmen der Kostenerstattung zu klärenden Frage auslösen, ob die betreffende Schulung erforderlich ist.

In dieser Arbeitshilfe finden sich die Antworten zu den zentralen Fragen, die aus Sicht des Betriebsrats und der Arbeitgeberseite mit der digitalen Betriebsratsarbeit verbunden sein können. Zahlreiche Musterformulierungen und Praxistipps sollen dabei eine Umsetzung in der betrieblichen Praxis erleichtern.

Aus Gründen der Lesbarkeit wurde auf das Gendern verzichtet. Die jeweils verwendeten Formulierungen beziehen sich ausdrücklich auf alle infrage kommenden Geschlechter.

Der Autor

Dr. Stefan Müller
Rechtsanwalt und Fachanwalt für ArbR in Leipzig. Beratung, Vertretung und Schulung von Arbeitgebern, Arbeitnehmern, Betriebsräten, Gewerkschaften und Arbeitgeberverbänden im individuellen und kollektiven ArbR. Langjähriger Referent für Schulungen von Führungskräften, Personal- und Betriebsräten im ArbR. Autor zahlreicher arbeitsrechtlicher Publikationen zum individuellen und kollektiven ArbR.

Inhaltsübersicht

Der Inhalt der 1. Auflage entspricht dem Inhalt der Online-Edition 33/2023

betriebsrat-premium.beck.de
vahlen.de

ISBN 978 3 8006 7316 2

Wilhelmstraße 9, 80801 München
Druck und Bindung: Himmer GmbH
Steinerne Furt 95, 86167 Augsburg

Redaktion: Sandra Eden, Ass. jur., Verlag Franz Vahlen GmbH, München

Satz: Druckerei C.H.Beck, Nördlingen
Umschlag: Martina Busch, Grafikdesign, Homburg Saar

chbeck.de/nachhaltig

Gedruckt auf säurefreiem, alterungsbeständigem Papier
(hergestellt aus chlorfrei gebleichtem Zellstoff)

I. Mobile Arbeit/Homeoffice bei der Erfüllung von Betriebsratsaufgaben

Die Corona-Pandemie hat in zahlreichen Unternehmen dazu geführt, dass viele Arbeitnehmer ihre Tätigkeit verstärkt außerhalb der Betriebsstätte erbracht und mobil – insbesondere im Homeoffice – gearbeitet haben und diese moderne Arbeitsform (wenn teilweise auch in geringerem Umfang) nun weiterhin praktizieren. Dabei stellt sich bei Betriebsräten nicht nur die Frage, ob auch Betriebsratsaufgaben mobil zB vom Homeoffice aus erledigt werden können, und welche Rahmenbedingungen dabei gelten. Nachfolgend wird auch darauf eingegangen, welche Folgen eine mobile Betriebsratstätigkeit für das einzelne Betriebsratsmitglied haben kann.

1. Dürfen Betriebsratsaufgaben außerhalb der Betriebsstätte mobil (zB vom Homeoffice aus) erfüllt werden?

Jedes Betriebsratsmitglied hat seine Aufgaben aus der Betriebsverfassung und die damit verbundene Betriebsratstätigkeit grds. **vor Ort,** dh *„im Betrieb am Sitz des Betriebsrates, dem er angehört"*, zu erbringen (BAG 24.2.2016 – 7 ABR 20/14; Schönhöft/Oelze NZA 2022, 1441 f.).

Dieser Grundsatz der Betriebsratstätigkeit im Betrieb wird aber dann durchbrochen, soweit dies für das Betriebsratsmitglied zur Erfüllung seiner Betriebsratsaufgaben erforderlich ist. Daher ist eine mobile Betriebsratstätigkeit zulässig, soweit und solange eine **mobile Betriebsratstätigkeit erforderlich** ist (→ *Frage 2: Unter welchen Voraussetzungen kann eine mobile Betriebsratstätigkeit erforderlich sein?*).

2. Unter welchen Voraussetzungen kann eine mobile Betriebsratstätigkeit erforderlich sein?

Die Erforderlichkeit einer mobilen Aufgabenerfüllung außerhalb der Betriebsstätte, zB vom Homeoffice aus, ist danach zu beurteilen, ob

- bei **gewissenhafter Abwägung** aller Umstände (auch der betrieblichen Belange)
- im Zeitpunkt der Inanspruchnahme der Arbeitsbefreiung eine mobile Betriebsratstätigkeit zur ordnungsgemäßen Wahrnehmung der Aufgaben des jeweiligen Betriebsratsmitglieds **für erforderlich gehalten** werden durfte.

Es ist im Streitfall zu prüfen, ob ein vernünftiger Dritter bei der Abwägung der Interessen der Belegschaft, des BR und der Belange des Arbeitgebers/des Betriebs das mit der (mobilen) Betriebsratstätigkeit verbundene Arbeitsversäumnis für **sachlich geboten** halten würde. Dabei ist zu berücksichtigen, dass dem Betriebsratsmitglied ein gewisser, gerichtlich nur eingeschränkt nachprüfbarer **Beurteilungsspielraum** zusteht (s. allgemein BAG 15.3.1995 – 7 AZR 643/94; LAG Rheinland-Pfalz 21.7.2020 – 8 Sa 308/19).

Die Erforderlichkeit einer auswärtigen mobilen Betriebsratstätigkeit kann sich aus der **Natur der** jeweils wahrzunehmenden **Betriebsratstätigkeit** aber auch daraus ergeben, dass das Gesetz die entsprechende Betriebsratstätigkeit außerhalb der Betriebsstätte **ausdrücklich vorsieht** bzw. zulässt (→ *Frage 4: Was sind Beispiele für eine zulässige mobile Betriebsratstätigkeit?*).

3. Kann der Arbeitgeber den Betriebsratsmitgliedern auch bei fehlender Erforderlichkeit eine mobile Betriebsratstätigkeit gestatten?

Der Arbeitgeber kann den Betriebsratsmitgliedern grds. auch bei fehlender Erforderlichkeit eine mobile Betriebsratstätigkeit gestatten. Allerdings ist hier zu beachten, dass darin im Einzelfall jedenfalls dann eine **unzulässige Begünstigung** des Betriebsratsmitglieds iSv § 78 S. 2 BetrVG liegen kann, wenn nicht zugleich für Nichtbetriebsratsmitglieder vergleichbare Möglichkeiten des mobilen Arbeitens bestehen bzw. geschaffen werden.

4. Was sind Beispiele für eine zulässige mobile Betriebsratstätigkeit?

In folgenden Fällen ist es regelmäßig zulässig, eine Betriebsratstätigkeit mobil, also außerhalb der Betriebsstätte zu erbringen:

- Teilnahme eines Betriebsratsmitglieds an einer **Betriebsratssitzung per Video** von dessen Homeoffice aus, soweit die Voraussetzungen nach § 30 Abs. 2 BetrVG (→ *Frage 66: Welche (weiteren) rechtlichen Voraussetzungen müssen erfüllt sein, damit eine virtuelle Betriebsratssitzung durchgeführt werden darf?*) erfüllt sind (LAG Hessen 14.3.2022 – 16 TaBV 143/21; LAG Köln 24.6.2022 – 9 TaBV 52/21),
- Teilnahme der Mitglieder des jeweiligen Gremiums bzw. Ausschusses an **Sitzungen des GBR, KBR,** des **Wirtschaftsausschusses** oder sonstiger Ausschüsse, soweit die Durchführung der Sitzung **an einem auswärtigen Tagungsort** zur Wahrnehmung der Aufgaben des tagenden Gremiums bzw. Ausschusses erforderlich ist (BAG 24.7.1979 – 6 ABR 96/77; LAG Schleswig-Holstein 24.2.2020 – 1 TaBV 21/19; Fitting BetrVG § 37 Rn. 23),
- Besuch eines **Präsenzseminars** außerhalb der Betriebsstätte, wobei erforderliche Kenntnisse iSv § 37 Abs. 6 S. 1 BetrVG vermittelt werden; auf ein Online-Seminar muss sich das Betriebsratsmitglied grds. nicht verweisen lassen (→ *Frage 99: Besteht eine Pflicht des Betriebsrats, statt an einer Präsenzschulung an einer (kostengünstigeren) Online-Schulung teilzunehmen?*),
- Wahrnehmung von (erforderlichen) **Behördenterminen** wie zB beim Gewerbeaufsichtsamt oder einer Berufsgenossenschaft, auch im Ausland zB bei der Anhörung des BR vor der EG-Kommission in Brüssel im Rahmen eines geplanten Zusammenschlusses mit einem ausländischen Unternehmen (Fitting BetrVG § 37 Rn. 27),
- Wahrnehmung eines (Präsenz-)**Gerichtstermins,** soweit die Anwesenheit des Betriebsratsmitglieds vor Ort erforderlich ist, zB bei einer Ladung des Betriebsratsmitglieds als Zeuge, Partei oder Beteiligter des Verfahrens (BAG 31.5.1989 – 7 AZR 277/88; Fitting BetrVG § 37 Rn. 28),
- auswärtige Erledigung von Betriebsratsaufgaben, da diese vom Betriebsratsmitglied am Betriebssitz nicht in zumutbarer Weise (§ 275 Abs. 3 BGB) wahrgenommen werden können, zB aufgrund unzureichenden Arbeitsschutzes und damit verbundenen **Gesundheitsgefahren** am betrieblichen Arbeitsplatz (ArbG Köln 24.3.2021 – 18 BVGa 11/12).

5. Ist die mobile Betriebsratstätigkeit zu vergüten?

Die Vergütung der mobilen Betriebsratstätigkeit richtet sich nach den allgemeinen Regelungen in § 37 Abs. 2 und 3 BetrVG. Daher setzt auch hier ein Vergütungsanspruch voraus, dass die jeweilige (mobile) Tätigkeit des Betriebsratsmitglieds zur ordnungsgemäßen Erledigung seiner Betriebsratsaufgaben *„**erforderlich**“* ist (allgemein zur Beurteilung der Erforderlichkeit Fitting BetrVG § 37 Rn. 35 ff.).

6. Wer trägt die Kosten einer mobilen Betriebsratstätigkeit?

Nach § 40 Abs. 1 BetrVG hat der Arbeitgeber die durch die Tätigkeit des BR entstehenden Kosten zu tragen. Danach hat der Arbeitgeber sowohl die **sachlichen** als auch die **persönlichen Kosten** der Tätigkeit des BR und seiner Mitglieder zu tragen (Fitting BetrVG § 40 Rn. 5).

Daher können die durch eine mobile Betriebsratstätigkeit ausgelösten Kosten erstattungsfähig sein. Allerdings ist auch hier zu beachten, dass die **Kostentragungspflicht des Arbeitgebers** nur insoweit besteht, als die entstehenden Kosten für die Durchführung der Betriebsratsarbeit erforderlich sind (Fitting BetrVG § 40 Rn. 9).

Die Erforderlichkeit der mit einer mobilen Betriebsratstätigkeit verbundenen Kosten setzt grds. voraus, dass es sich um eine **zulässige mobile Betriebsratstätigkeit** handelt (zur Zulässigkeit → *Frage 1: Dürfen Betriebsratsaufgaben außerhalb* *der Betriebsstätte mobil (zB vom Homeoffice aus) erfüllt werden?*). Insoweit ist dann im Streitfall zu prüfen, ob die jeweils angefallenen Kosten im Zeitpunkt ihrer Verursachung bei gewissenhafter **Abwägung aller Umstände** für erforderlich gehalten werden durften, damit der BR seine Aufgaben sachgerecht erfüllt kann (Fitting BetrVG § 40 Rn. 9; s. zu einzelnen Kosten nachfolgend unter II. und III.).

7. Kann das Betriebsratsmitglied den Ort zur Erbringung der mobilen Betriebsratstätigkeit frei wählen?

Der Ort zur Erbringung der (mobilen) Betriebsratstätigkeit kann nicht frei gewählt werden. Es gilt der Grundsatz, dass das Betriebsratsmitglied seine Betriebsratstätigkeit **vor Ort,** dh *„im Betrieb am Sitz des Betriebsrates, dem er angehört",* zu erbringen hat (→ *Frage 1: Dürfen Betriebsratsaufgaben außerhalb der Betriebsstätte mobil (zB vom Homeoffice aus) erfüllt werden?*).

Das Betriebsratsmitglied kann seine Betriebsratsaufgaben mobil außerhalb der Betriebsstätte nur erbringen, soweit und solange die **mobile Betriebsratstätigkeit erforderlich** ist (→ *Frage 2: Unter welchen Voraussetzungen kann eine mobile Betriebsratstätigkeit erforderlich sein?*). Dabei müssen aber auch an den mobil gewählten Orten der Betriebsratstätigkeit die erforderlichen **Datenschutzmaßnahmen** getroffen werden (→ *Frage 92: Trifft den Betriebsrat bei seiner (digitalen) Betriebsratstätigkeit die Verantwortlichkeit für den Datenschutz?*). Soweit an dem jeweiligen Ort der erforderliche Datenschutz nicht gewährleistet ist, darf dort keine Betriebsratstätigkeit erfolgen.

Beispiel

*Ein Betriebsratsmitglied will von seinem in der Wohnung eingerichteten Homeoffice aus an einer **virtuellen Betriebsratssitzung** teilnehmen. Dabei muss dann aber sichergestellt werden, dass Dritte (zB ein **Mitbewohner**) vom Inhalt der Sitzung keine Kenntnis nehmen können (→ Frage 70: Muss sichergestellt werden, dass Unbefugte vom Inhalt der virtuellen Betriebsratssitzung keine Kenntnis nehmen können?). Soweit dies nicht sichergestellt werden kann, kann das Betriebsratsmitglied nicht von seinem Homeoffice aus an der virtuellen Betriebsratssitzung teilnehmen. Es müsste sich dann einen geeigneteren Ort suchen bzw. an der Sitzung in Präsenz teilnehmen.*

8. Sind auch bei mobiler Betriebsratstätigkeit Ab- und Rückmeldepflichten zu beachten?

Auch bei der mobilen Betriebsratstätigkeit haben die Betriebsratsmitglieder Ab- und Rückmeldepflichten zu erfüllen. Sie müssen sich beim Arbeitgeber unter Angabe der voraussichtlichen Dauer der auswärtigen Betriebsratstätigkeit **abmelden** und bei der Rückkehr in den Betrieb **zurückmelden** (BAG 24.2.2016 – 7 ABR 20/14; LAG Rheinland-Pfalz 28.4.2021 – 7 TaBV 9/20; Fitting BetrVG § 37 Rn. 50 ff.).

Fraglich ist, ob der Arbeitgeber bei einer auswärtigen mobilen Betriebsratstätigkeit vom jeweiligen Betriebsratsmitglied auch **weitergehende Angaben** über den **Ort** und ggf. über weitere **Einzelheiten der Betriebsratstätigkeit** verlangen kann. Dies wird dann bejaht, wenn das Betriebsratsmitglied den Arbeitgeber im Zusammenhang mit der mobilen Betriebsratstätigkeit auf Erstattung von **Kosten** (§ 40 BetrVG) bzw. (bezahlte) **Arbeitsbefreiung** (§ 37 Abs. 2 BetrVG) in Anspruch nimmt. Zur Begründung wird darauf hingewiesen, dass der Arbeitgeber hier weitergehende Angaben benötigt, um das Bestehen der geltend gemachten Ansprüche und dabei auch die Erforderlichkeit der auswärtigen Betriebsratstätigkeit prüfen zu können (BAG 24.2.2016 – 7 ABR 20/14; LAG Rheinland-Pfalz 28.4.2021 – 7 TaBV 9/20; s. aber Fitting BetrVG § 37 Rn. 50a, wonach zwar die Dauer der Abwesenheit und der Ort der beabsichtigten Betriebsratstätigkeit mitzuteilen ist, nicht jedoch der Inhalt der geplanten Betriebsratstätigkeit).

In welcher **Form** (mündlich, per Mail oder schriftlich) das Betriebsratsmitglied seine Ab- und Rückmeldpflicht erfüllt, liegt in seiner Verantwortung. Eine Anweisung des Arbeitgebers zur Ausgestaltung der Ab- und Rückmeldpflicht ist regelmäßig unwirksam und kann gegen das in § 78 S. 1 BetrVG verankerte **Behinderungsverbot** verstoßen (LAG Hamm 26.11.2013 – 7 TaBV 74/13; zur Form der Meldung Fitting BetrVG § 37 Rn. 50a, 53).

Formulierungsmuster
Abmeldung zur Durchführung von Betriebsratsaufgaben

Sehr geehrte Frau ...... / Sehr geehrter Herr ......,

hiermit möchte ich Sie darüber informieren, dass ich heute ab ...... Uhr von meinem Homeoffice aus an einer Sitzung des örtlichen Betriebsrats teilnehmen werde. Dies wird voraussichtlich ...... Stunden dauern.

Mit freundlichen Grüßen

(Betriebsratsmitglied)

Formulierungsmuster
Rückmeldung nach Durchführung von Betriebsratsaufgaben

Sehr geehrte Frau ...... / Sehr geehrter Herr ......,

hiermit möchte ich Sie darüber informieren, dass die Teilnahme an der Betriebsratssitzung beendet ist und ich vom Homeoffice aus wieder meine arbeitsvertragliche Tätigkeit erbringe.

Mit freundlichen Grüßen

(Betriebsratsmitglied)

9. Muss die mobile Betriebsratstätigkeit während der Arbeitszeit erbracht werden?

Aus der Regelung in § 37 Abs. 2, 3 BetrVG ergibt sich, dass ein Betriebsratsmitglied seine Betriebsratstätigkeit grds. während seiner Arbeitszeit erbringen soll. Anknüpfungspunkt ist dabei die vom Arbeitgeber (wirksam) festgelegte **individuelle Arbeitszeit** des jeweiligen Betriebsratsmitglieds (Fitting BetrVG § 37 Rn. 76).

Auch **freigestellte Betriebsratsmitglieder** sind grds. gehalten, ihre Betriebsratsaufgaben während ihrer Arbeitszeit durchzuführen (Fitting BetrVG § 37 Rn. 90).

Werden erforderliche Betriebsratstätigkeiten **außerhalb der Arbeitszeit** des Betriebsratsmitglieds erbracht, besteht gem. § 37 Abs. 3 BetrVG nur dann ein Ausgleichsanspruch auf entsprechende Arbeitsbefreiung ohne Minderung des Arbeitsentgelts bzw. hilfsweise auf Abgeltung der in der Freizeit aufgewandten Zeit, wenn die Betriebsratstätigkeit **aus betriebsbedingten Gründen** nicht während der Arbeitszeit durchgeführt werden konnte (Fitting BetrVG § 37 Rn. 73 und 79 ff.).

Mangels abweichender Sonderregelung gelten die vorstehenden Grundsätze auch für die **mobile Betriebsratstätigkeit**. Daher kann auch diese grds. nur innerhalb der vom Arbeitgeber (wirksam) festgelegten individuellen Arbeitszeit des jeweiligen Betriebsratsmitglieds erbracht werden. Die Erledigung von Betriebsratsaufgaben außerhalb dieser Zeiten muss auch bei einer mobilen Betriebsratstätigkeit auf betriebsbedingten Gründen iSv § 37 Abs. 3 BetrVG beruhen (vgl. LAG Sachsen 21.3.2022 – 2 Sa 77/21 für Schulungs- und Reisezeiten im Zusammenhang mit auswärtigen Schulungsveranstaltungen).

10. Besteht eine Pflicht zur Zeiterfassung?

Für Betriebsratsmitglieder gelten während ihrer Betriebsratstätigkeit grds. **keine gesetzlichen Zeiterfassungspflichten.** Anknüpfungspunkt der gesetzlichen Regelungen zur Zeiterfassung (zB § 16 Abs. 2 ArbZG) ist das Arbeitsverhältnis und die damit verbundenen Arbeitszeiten, nicht aber das Betriebsratsamt und die damit verbundenen Zeiten einer Betriebsratstätigkeit.

Allerdings sind während der Betriebsratstätigkeit grds. alle Pflichten aus dem Arbeitsverhältnis einzuhalten, die nicht unmittelbar mit der Arbeitsleistung zusammenhängen. Zu den danach einzuhaltenden Pflichten gehört auch eine durch entsprechende **Anweisung des Arbeitgebers** bzw. Regelung in einer Betriebsvereinbarung begründete Pflicht **zur Zeiterfassung.** Besteht eine solche, dann ist diese – auch von freigestellten Betriebsratsmitgliedern – zu erfüllen; diesbzgl. vom Arbeitgeber vorgehaltene Zeiterfassungssysteme sind ordnungsgemäß zu bedienen (Fitting BetrVG § 38 Rn. 77).

Es ist zu beachten, dass bewusst **wahrheitswidrige Angaben** von Betriebsratsmitgliedern zum Inhalt bzw. zeitlichen Umfang der in den Zeitnachweisen von ihnen dokumentierten Betriebsratstätigkeit nicht nur als (grobe) **Verletzung der gesetzlichen Pflichten** iSv § 23 Abs. 1 S. 1 BetrVG gewertet werden können. Darin liegt zugleich eine gravierende Verletzung der arbeitsvertraglichen Pflichten. Im Einzelfall kann der Arbeitgeber hier gem. § 626 BGB zur außerordentlichen **Kündigung** des Arbeitsverhältnisses berechtigt sein (LAG Hamm 1.7.2011 – 10 Sa 2223/10; ArbG Lüneburg 5.4.2023 – 2 BV 6/22: hier Vortäuschung einer Betriebsratstätigkeit am 9.11.2022, obwohl das Betriebsratsmitglied an diesem Tag den Betriebsrätetag aus privaten Gründen verlassen hatte).

11. Kann die Nutzung der bestehenden Zeiterfassungssysteme beansprucht werden?

Es kann aber nicht nur eine Pflicht der Betriebsratsmitglieder zur Zeiterfassung bestehen. Besteht im Betrieb ein Zeiterfassungssystem, dann haben Betriebsratsmitglieder im Regelfall auch das Recht, das bestehende **Zeiterfassungssystem** weiterhin zu nutzen. Dies gilt auch für **freigestellte Betriebsratsmitglieder.** Während der Freistellung besteht zwar keine Pflicht zur Erbringung der Arbeitsleistung. An die Stelle der Arbeitspflicht tritt jedoch die **Pflicht** des Betriebsratsmitglieds, während seiner individuellen Arbeitszeit im Betrieb am Sitz des BR, dem er angehört, **anwesend zu sein** und sich dort für anfallende Betriebsratsarbeit **bereitzuhalten.**

Folglich kann auch bei einem freigestellten Betriebsratsmitglied der Anspruch auf Leistung von Arbeitsentgelt ohne berufliche Arbeitsleistung entfallen, wenn die Freistellung nicht in diesem Sinn im Umfang der Arbeitszeit für Betriebsratstätigkeit genutzt wurde (BAG 28.9.2016 – 7 AZR 248/14; LAG Rheinland-Pfalz 28.4.2021 – 7 TaBV 9/20). Daher besteht im Regelfall auch ein berechtigtes Interesse und entsprechendes Recht eines jeden Betriebsratsmitglieds, ein bestehendes Zeiterfassungssystem auch zur Erfassung der mit der Betriebsratstätigkeit verbundenen Zeiten zu nutzen (BAG 28.9.2016 – 7 AZR 248/14).

12. Sind Vorgaben des Arbeits- und Gesundheitsschutzes zu beachten?

Die Regelungen des Arbeitsschutzes - darunter das ArbZG und das ArbSchG - gelten grds. für alle **Arbeitnehmer,** auch für diejenigen, die mobil (insbesondere im Homeoffice) tätig sind (Müller, Homeoffice in der arbeitsrechtlichen Praxis, 3. Aufl. 2022, Rn. 343 ff.; → *Mobile Arbeit/Homeoffice / V. Einleitung*).

Fraglich ist, ob sich dies auch auf die mobile Betriebsratstätigkeit übertragen lässt.

Betriebsratsmitglieder sind zwar auch Arbeitnehmer (s. auch § 8 Abs. 1 S. 1 iVm § 7 S. 1 iVm § 5 BetrVG). Allerdings ist die Betriebsratstätigkeit kein Bestandteil ihrer beruflichen Tätigkeit (vgl. § 37 Abs. 2 BetrVG), sondern eine **ehrenamtliche Tätigkeit** (§ 37 Abs. 1 BetrVG). Ein Betriebsratsmitglied steht dem Arbeitgeber während der Amtsausübung – auch wenn diese oft genauso anstrengend sein mag wie die vertraglich geschuldete Arbeit – nicht zur Erbringung der Arbeitsleistung zur Verfügung. Während der Betriebsratstätigkeit besteht **keine Arbeitspflicht** (vgl. § 37 Abs. 2 BetrVG). Daher sind die Zeiten einer Betriebsratstätigkeit, ungeachtet ihrer Art und Form – also auch die mobile Betriebsratstätigkeit - nach zutreffender Ansicht **keine Arbeitszeiten** iSv § 2 Abs. 1 S. 1 ArbZG (LAG Niedersachsen 20.4.2015 – 12 TaBV 76/14; LAG Sachsen 21.3.2022 – 2 Sa 77/21; offengelassen von BAG 16.9.2020 – 7 AZR 491/19).

Es spricht einiges dafür, dass die Betriebsratstätigkeit auch nicht den Vorgaben des ArbSchG unterfällt. Nach § 1 Abs. 1 S. 1 ArbSchG dient das Gesetz dazu, Sicherheit und Gesundheitsschutz der „*Beschäftigten bei der Arbeit*“ durch **Arbeitsschutzmaßnahmen** zu sichern und zu verbessern. Die Betriebsratsmitglieder sind zwar Arbeitnehmer und damit auch Beschäftigte iSd ArbSchG (vgl. § 2 Abs. 2 Nr. 1 ArbSchG). Die Beschäftigten sollen mit dem ArbSchG aber nur vor Gesundheitsgefährdungen durch die Arbeit und „*bei der Arbeit*“ geschützt werden. Der Schutz erfasst daher nur die

Betätigung, die ein Beschäftigter iSv § 2 Abs. 2 ArbSchG im Rahmen seines Beschäftigungsverhältnisses erbringt. Da ein Betriebsratsmitglied mit seiner Betriebsratstätigkeit ehrenamtlich und nicht arbeitsvertraglich tätig wird, liegt darin keine Betätigung eines Arbeitnehmers im Rahmen seines Beschäftigungsverhältnisses. Es erscheint daher folgerichtig, die Betriebsratstätigkeit als solche aus dem **Geltungsbereich des ArbSchG** herauszunehmen, solange keine Erstreckung des Gesetzes auf Betriebsratsmitglieder, etwa durch eine Rechtsverordnung nach § 18 Abs. 1 S. 2 ArbSchG, erfolgt.

Die Herausnahme der Betriebsratstätigkeit aus dem Geltungsbereich des ArbSchG und des ArbZG bedeutet allerdings nicht, dass die mit diesen Gesetzen verbundenen Anforderungen für die Betriebsratstätigkeit keinerlei Bedeutung haben. Unter Berücksichtigung des **Grundsatzes der vertrauensvollen Zusammenarbeit** (§ 2 Abs. 1 BetrVG) dürfen Betriebsratsmitglieder diese Regelungen auch bei der Erbringung von Betriebsratstätigkeiten nicht völlig außer Acht lassen. Denn auch **gesundheitsgefährdende Betriebsratsbetätigungen** dienen weder dem Wohl der Arbeitnehmer noch dem des Betriebs. Daher liegt jedenfalls bei offenkundig gesundheitsgefährdenden Betätigungen des BR ein Verstoß gegen den Grundsatz der vertrauensvollen Zusammenarbeit nahe. Daher sollten derartige Betätigungen vermieden werden.

13. Inwieweit unterliegt die mobile Betriebsratstätigkeit den Anforderungen des Datenschutzes?

Auch im Rahmen mobiler Betriebsratstätigkeit werden häufig personenbezogene Daten verarbeitet. Der Arbeitgeber bleibt auch hier der für die Verarbeitung **Verantwortliche** iSv Art. 4 Nr. 7 DS-GVO, soweit der BR zur Erfüllung der in seiner Zuständigkeit liegenden (gesetzlichen) Aufgaben personenbezogene Daten verarbeitet (§ 79a S. 2 BetrVG).

Allerdings ist der BR verpflichtet, bei der Datenverarbeitung die jeweils geltenden Datenschutzvorschriften einzuhalten (§ 79a S. 1 BetrVG). Es ist daher zu gewährleisten, dass bei der Verarbeitung personenbezogener Daten das **Vertraulichkeitsinteresse der Betroffenen** strikt beachtet wird. Es müssen die erforderlichen technischen und organisatorischen Maßnahmen (TOM) getroffen werden, um bei der Datenverarbeitung ein dem Risiko angemessenes Schutzniveau sicherzustellen. Daher sollte unter Heranziehung eines **IT-Sachverständigen** (§ 80 Abs. 3 BetrVG) etwa geprüft werden, welche Maßnahmen erforderlich sind, um

- Unbefugten den Zugang zu Datenverarbeitungsanlagen, mit denen personenbezogene Daten verarbeitet oder genutzt werden (zB Betriebsrats-PC), zu verwehren **(Zugangskontrolle)**, zB durch ein abschließbares Betriebsratsbüro, abschließbare Schränke sowie Passwortschutz,
- das unbefugte Lesen, Kopieren, Verändern oder Löschen von Datenträgern zu verhindern **(Datenträgerkontrolle)**, zB durch sichere Aufbewahrung von Datenträgern, Einrichtung von VPN-Tunneln, Weitergabe von Daten in anonymisierter Form, Verschlüsselung von Datenträgern,
- die unbefugte Kenntnisnahme, Veränderung und Löschung von gespeicherten personenbezogenen Daten zu verhindern **(Speicherkontrolle)**, zB durch Festlegung von Berechtigungen im IT-System, Verwendung von Passwortrichtlinien einschließlich Passwortlänge sowie Passwortwechsel,
- zu gewährleisten, dass bei der Übermittlung personenbezogener Daten sowie beim Transport von Datenträgern die Vertraulichkeit und Integrität der Daten geschützt werden **(Transportkontrolle),** zB durch Einrichtung von Standleitungen bzw. VPN-Tunneln.

Da der Datenschutz nicht nur auf dem Betriebsgelände zu gewährleisten ist, sondern ortsunabhängig auch dann gilt, wenn und soweit eine (Betriebsrats-)**Tätigkeit außerhalb des Betriebsgeländes** zB im Homeoffice erfolgen soll, gelten die vorstehenden Anforderungen auch bei der mobilen Arbeit von Betriebsratsmitgliedern.

Bei der Teilnahme an einer **virtuellen Betriebsratssitzung** ist darüber hinaus sicherzustellen, dass Dritte vom Inhalt der Sitzung keine Kenntnis nehmen können (→ *Frage 70: Muss sichergestellt werden, dass Unbefugte vom Inhalt der virtuellen Betriebsratssitzung keine Kenntnis nehmen können?*). Betriebsratsmitgliedern, die sich zum Zeitpunkt der Sitzung an einem **öffentlich frei zugänglichen Ort** aufhalten (zB Lobby eines Hotels, Zugabteil, Park), darf eine Sitzungsteilnahme daher nicht gestattet werden (→ *Frage 71: Können Betriebsratsmitglieder von jedem Ort aus an einer virtuellen Betriebsratssitzung teilnehmen?*).

Im Einzelfall benötigt der BR im Rahmen der Erfüllung seiner gesetzlichen Aufgaben **Zugriff auf besonders sensible Daten** (vgl. Art. 9 Abs. 1, Art. 4 Nr. 15 DS-GVO), zB Gesundheitsdaten von Arbeitnehmern. Aus § 26 Abs. 3 S. 1 BDSG wird abgeleitet, dass der Arbeitgeber die Übermittlung von derartig sensiblen Daten davon abhängig machen kann, dass der BR zuvor das Bestehen eines wirksamen **Datenschutzkonzepts** darlegt (LAG Baden-Württemberg 20.5.2022 – 12 TaBV 4/21 unter Verweis auf BAG 9.4.2019 – 1 ABR 51/17, nachfolgend BAG 9.5.2023 – 1 ABR 14/22; dazu auch Heuer/Sorber ArbRAktuell 2022, 445 ff.).

Aus dem Datenschutzkonzept muss sich dann ergeben, dass der BR bei der Verarbeitung der vom Arbeitgeber verlangten sensitiven Daten (zB Namen schwerbehinderter bzw. erkrankter Menschen) das **Vertraulichkeitsinteresse** der Betroffenen strikt achtet und Vorkehrungen trifft, die bei wertender Betrachtung den in § 22 Abs. 2 S. 2 BDSG aufgelisteten Kriterien entsprechen. Der BR ist bei der Festlegung der Sicherungsmaßnahmen weder auf die in § 22 Abs. 2 S. 2 BDSG vorgesehenen Maßnahmen beschränkt, noch muss er sämtliche der dort aufgeführten Maßnahmen ergreifen (BAG 9.5.2023 – 1 ABR 14/22 Rn. 76). Dazu gehören zB **Maßnahmen zur Datensicherheit** wie

- das zuverlässige Sicherstellen des Verschlusses der Daten,
- die Gewähr begrenzter Zugriffsmöglichkeiten oder deren Beschränkung auf einzelne Betriebsratsmitglieder sowie
- die Datenlöschung nach Beendigung der betreffenden Betriebsratsaufgabe zu deren Erfüllung die personenbezogenen Daten angefordert wurden (LAG Baden-Württemberg 20.5.2022 – 12 TaBV 4/21, nachfolgend BAG 9.5.2023 – 1 ABR 14/22).

Beispiel

In dem vom BAG am 9.5.2023 – 1 ABR 14/22 entschiedenen Fall wurde ein Datenschutzkonzept des BR als ausreichend eingestuft, welches ua festlegte, dass

- *nur der Vorsitzende des BR - im Falle seiner Verhinderung sein Stellvertreter - zur Entgegennahme von personenbezogenen Daten in Papierform berechtigt ist,*
- *für die elektronische Übermittlung ausschließlich ein bestimmtes E-Mail-Postfach zu nutzen ist,*
- *der Abruf der Daten über einen im BR-Büro stationär eingerichteten, passwortgeschützten Computer erfolgt und das Passwort lediglich den BR-Mitgliedern bekannt ist,*
- *lediglich die BR-Mitglieder Zugang zu dem abschließbaren BR-Büro haben,*
- *der BR personenbezogene Daten in Papierform in dem abschließbaren BR-Büro und dort in einem verschlossenen Schrank verwahrt, dessen Schlüssel nur dem BR-Vorsitzenden oder seinem Stellvertreter zur Verfügung steht,*
- *personenbezogene Daten nur so lange gespeichert werden, wie es der Zweck der Verarbeitung erfordert,*
- *alle sechs Monate geprüft werden soll, ob die gespeicherten Daten noch benötigt werden und - sollte dies nicht der Fall sein - diese zu löschen sind,*
- *vor der Übertragung von Daten auf mobile Datenträger die - nur unter näher bestimmten Voraussetzungen zu erteilende - Zustimmung des BR-Vorsitzenden bzw. seines Stellvertreters einzuholen ist,*
- *die BR-Mitglieder regelmäßig - gerade in Bezug auf die Verarbeitung besonderer Kategorien personenbezogener Daten - zu sensibilisieren sind.*

14. Ist der Arbeitgeber über die getroffenen Datenschutzmaßnahmen zu informieren?

Der BR hat nicht nur angemessene Schutzmaßnahmen zu treffen, damit bei der Wahrnehmung von Betriebsratsaufgaben und damit verbundenen Datenverarbeitungsvorgängen der Datenschutz gewahrt wird. Es besteht darüber hinaus die Pflicht des BR, dem Arbeitgeber die **Informationen** zukommen zu lassen, die dieser vom BR benötigt, um seine Pflichten als verantwortliche Stelle erfüllen zu können. Darunter können insbesondere **Angaben über** die im Verzeichnis nach Art. 30 DS-GVO auszuführenden **Verarbeitungstätigkeiten,** Auskünfte zur **Erfüllung der Informationspflichten** nach Art. 12 ff. DS-GVO oder der **Betroffenenrechte** aus Art. 15 ff. DS-GVO fallen (Fitting BetrVG § 79a Rn. 41).

15. Sind Betriebsratsmitglieder, die ihre Arbeitsleistung mobil erbringen, daran gehindert, Betriebsratsaufgaben wahrzunehmen?

Betriebsratsmitglieder, die ihre arbeitsvertragliche Arbeitsleistung mobil, dh außerhalb der Betriebsstätte beispielsweise im Homeoffice, erbringen, sind aufgrund der mobilen Arbeit nicht daran gehindert, ihre Aufgaben als Betriebsratsmitglied zu erfüllen. Sie können zB ihre **Betriebsratstätigkeit** entfalten, indem sie – soweit zulässig – virtuell an einer Betriebsratssitzung teilnehmen (→ *Frage 64: Sind virtuelle Sitzungen des Betriebsrats überhaupt zulässig?*) oder sich in die Betriebsstätte begeben, um in Präsenz an der Betriebsratssitzung teilzunehmen.

16. Kann mobile Arbeit zu einem Verlust der Betriebszugehörigkeit führen?

Betriebsratsmitglieder, die ihre arbeitsvertragliche Arbeitsleistung mobil erbringen, verlieren ihre Betriebszugehörigkeit nicht, solange sie weiterhin in die betriebliche Organisation eingegliedert sind. Die **Eingliederung** setzt nach der bisher vorherrschenden „*Zwei-Komponenten-Lehre*" regelmäßig voraus, dass das betreffende Betriebsratsmitglied

- in einem **Arbeitsverhältnis** zum Betriebsinhaber steht (1. Komponente) und
- in diesen Betrieb **eingegliedert** ist und vom Betriebsinhaber innerhalb der betrieblichen Organisation zur Erfüllung des Betriebszwecks eingesetzt wird (2. Komponente) (Fitting BetrVG § 7 Rn. 16).

Die mobile Arbeit führt regelmäßig **nicht** zur **Beendigung des Arbeitsverhältnisses** zum bisherigen Betriebsinhaber. Allerdings kann das Betriebsratsmitglied infolge der mobilen Arbeit in die Organisation eines anderen Betriebs eingegliedert und nunmehr von dort gelenkt und gesteuert werden. Insoweit sind im Wesentlichen folgende Fallgestaltungen denkbar:

Beispiel

Fallgestaltung 1

Das Betriebsratsmitglied ist bislang dem Betrieb A zugeordnet und Mitglied des für diesen Betrieb gewählten BR. Es hat bislang von seinem Homeoffice aus allein für den Betrieb A seine weisungsgebundene Arbeitsleistung erbracht. Das Homeoffice des Betriebsratsmitglieds ist kommunikationstechnisch mit der Struktur des Betriebs A verbunden. Nunmehr wird das Betriebsratsmitglied angewiesen, im Rahmen des vom Betrieb A verfolgten Zwecks vom Homeoffice aus ***Arbeitsleistungen für einen anderen Betrieb,*** *den Betrieb B, zu erbringen. Auch diese Tätigkeit erfolgt weisungsgebunden. Allerdings werden die Weisungen weiterhin von Vorgesetzten erteilt, die dem bisherigen Betrieb, dem Betrieb A, zuzuordnen sind.*

Bewertung der Fallgestaltung 1

Das Betriebsratsmitglied ist hier weiterhin in die Organisation des bisherigen Betriebs, des Betriebs A, eingegliedert. Denn es erhält seine ***Weisungen*** *nicht* ***von Repräsentanten*** *des Betriebs B, sondern von solchen* ***des bisherigen Betriebs.*** *Das Betriebsratsmitglied wird hier zwar für einen anderen Betrieb, den Betrieb B, tätig, ist aber nicht in dessen Organisation eingegliedert. Daher sprechen hier gute Argumente dafür, dass bei dieser Fallgestaltung (lediglich) die Zugehörigkeit des Betriebsratsmitglieds zum Betrieb A fortbesteht. Daher ändert sich hier nichts an der Betriebszugehörigkeit des Betriebsratsmitglieds und an seinem damit verbundenen Status.*

Beispiel

Fallgestaltung 2

In Abwandlung zur Fallgestaltung 1 wird das Betriebsratsmitglied bei der Erbringung seiner arbeitsvertraglichen Arbeitsleistung nicht nur ***für einen neuen Betrieb,*** *den Betrieb B, tätig. Es wird auch dauerhaft, nicht nur vorübergehend,* ***in die Arbeitsorganisation des neuen Betriebs eingegliedert*** *und erhält die* ***Weisungen*** *nunmehr von Repräsentanten des Betriebs B.*

Bewertung der Fallgestaltung 2

In dieser Fallgestaltung wird regelmäßig eine ***Zugehörigkeit*** *des Betriebsratsmitglieds* ***zu dem neuen Betrieb,*** *dem Betrieb B, begründet. Dies gilt unabhängig davon, von welchem Ort aus das Betriebsratsmitglied für den Betrieb B die weisungsgebundene Tätigkeit erbringt. Mit der Begründung dieser neuen Betriebszugehörigkeit kann das Betriebsratsmitglied in dem Betrieb B auch die damit verbundenen Rechte wahrnehmen. Darunter fällt insbesondere das aktive und passive Wahlrecht nach §§ 7, 8 BetrVG (vgl. Fitting BetrVG § 7 Rn. 5, § 8 Rn. 6).*

Variante 1 zur Fallgestaltung 2

Darüber hinaus kann das Betriebsratsmitglied aber auch in der Fallgestaltung 2 (weiterhin) dem bisherigen Betrieb, dem Betrieb A, zugehörig sein. Dann besteht eine Zugehörigkeit zu beiden Betrieben (A und B), dh eine ***doppelte Betriebszugehörigkeit.*** *Dies setzt dann aber voraus, dass das Betriebsratsmitglied weiterhin – und sei es nur in einem reduzierten zeitlichen Umfang, zB an einem von fünf Arbeitstagen pro Woche – in die Organisation des Betriebs A eingegliedert ist und auch im Verhältnis zum Betrieb A weisungsabhängig tätig wird. In dieser Konstellation unterliegt das Betriebsratsmitglied nicht nur sämtlichen in beiden Betrieben A und B geltenden Betriebsvereinbarungen. Es kann auch seine Rechte aus der Betriebsverfassung grds. in beiden Betrieben wahrnehmen. Insbesondere kann das Betriebsratsmitglied den BR in beiden Betrieben wählen (vgl. Fitting BetrVG § 7 Rn. 81). Unklar ist, ob sich das Betriebsratsmitglied auch in beiden Betrieben zur Wahl stellen kann (dagegen Fitting BetrVG § 8 Rn. 10: nur in dem Betrieb wählbar, in dem es „in der Hauptsache" arbeitet).*

Variante 2 zur Fallgestaltung 2

Soweit das Betriebsratsmitglied dagegen ***dauerhaft nicht mehr in die Organisation*** *des bisherigen Betriebs, des Betriebs A,* ***eingegliedert*** *ist, verliert es seine Zugehörigkeit zu diesem Betrieb. Der* ***Verlust der Betriebszugehörigkeit*** *hat nicht nur zur Folge, dass es nunmehr im Betrieb A keine (Wahl-)Rechte aus der Betriebsverfassung, darunter das passive Wahlrecht (§ 8 BetrVG), mehr wahrnehmen kann. Gem. § 24 Nr. 4 BetrVG erlischt zugleich mit dem Verlust der Wählbarkeit die Mitgliedschaft des Betriebsratsmitglieds in dem für den Betrieb A gewählten BR (vgl. dazu sowie zu den Folgen des Mitgliedschaftsverlustes Fitting BetrVG § 24 Rn. 34, 46 f.).*

II. Zugang zum Internet und Ausstattung des Betriebsrats mit IT und Kommunikationstechnik

Eine digitale Betriebsratsarbeit erfordert eine entsprechende Informations- und Kommunikationstechnik (IuK-Technik). Auf die damit verbundenen Fragen u. a. zum Anspruch des BR auf die erforderliche Technik, deren Nutzung einschließlich Kontroll- und Zugriffsrechten sowie auch die Zulässigkeit der Nutzung privater Geräte wird nachfolgend eingegangen.

17. Inwieweit besteht ein Anspruch des Betriebsrats auf IT bzw. Kommunikationstechnik?

Nach § 40 Abs. 2 BetrVG hat der Arbeitgeber dem BR auch die für die Sitzungen, die Sprechstunden und die lfd. Geschäftsführung erforderlichen Sachmittel zur Verfügung zu stellen. Der Gesetzgeber hat klargestellt, dass darunter auch ***„Informations- und Kommunikationstechnik"*** **(IuK-Technik)** fällt, wenn und soweit sie für die Erfüllung der Betriebsratsarbeit erforderlich ist (BT-Drs. 14/5741, 41; Fitting BetrVG § 40 Rn. 127; umfassend zu Arbeitsmitteln des BR Weinbrenner/Meier, Schulung und Arbeitsmittel unter VI.).

Der in § 40 Abs. 2 BetrVG – aber auch in § 87 Abs. 1 Nr. 14 BetrVG – verwendete **Begriff der IuK-Technik** ist ein Ausdruck für jegliche Technik im Bereich der Information und Kommunikation. Sie steht in einem *weiten Sinn* für die Verwendung von Telefonen, Laptops, Tablets, Smartphones, Hard- und Software für Computer, von Netzwerken etc. Die vom Gesetzgeber verwendete Formulierung ist **technikoffen.** Sie schließt *„klassische"* **EDV** und **Computertechnik** ein und verdeutlicht zugleich, dass dem Nutzer im Zuge fortschreitender Technisierung weitere und neue Lösungen zur Verfügung stehen (werden), die den Erfordernissen zeit- und ortsunabhängiger Unterstützung im Informationsverarbeitungs- und im Kommunikationsprozess entsprechen (Fitting BetrVG § 87 Rn. 587).

18. Muss der Betriebsrat die Erforderlichkeit der begehrten Technik näher darlegen?

Teilweise wird vertreten, dass der BR im Streitfall darlegen muss, weshalb die konkret begehrte Technik zur Erfüllung von Betriebsratsaufgaben erforderlich ist. Nach anderer Ansicht wird danach differenziert, ob das beanspruchte Sachmittel zum üblichen Ausstattungsstandard im Betrieb zählt oder nicht. Danach kann der BR die **betriebliche Standardausstattung** auch ohne nähere Darlegung der Erforderlichkeit beanspruchen. Dagegen hat der BR bei einem Streit über die Zurverfügungstellung von Technik, die über den betrieblichen Standard hinausgeht, darzulegen, weshalb diese zur Erfüllung von Betriebsratsaufgaben erforderlich ist (BAG 20.4.2016 – 7 ABR 50/14; Fitting BetrVG § 40 Rn. 127).

19. Auf welche IT und Kommunikationstechnik kann sich der Anspruch des Betriebsrats erstrecken?

Der Gesetzgeber nennt als Teil der IuK-Technik *„vor allem* ***Computer*** *mit entsprechender* ***Software****, aber auch die* ***Nutzung*** *im Betrieb oder Unternehmen* ***vorhandener moderner Kommunikationsmöglichkeiten****"* (BT-Drs. 14/5741, 41; zur Erforderlichkeit der Geräte für die Betriebsratsarbeit → *Frage 18: Muss der Betriebsrat die Erforderlichkeit der begehrten Technik näher darlegen?*).

Im Regelfall kann grds. jeder BR mit guter Erfolgsaussicht folgende IuK-Technik vom Arbeitgeber beanspruchen, sofern nicht berechtigte Belange des Arbeitgebers entgegenstehen (→ *Frage*

21: Welche IT bzw. Kommunikationstechnik kann grundsätzlich nicht beansprucht werden?):

- **Telefonanschluss** als Nebenstelle, aber grds. kein von der betrieblichen Telefonanlage unabhängiger Telefonanschluss (BAG 20.4.2016 – 7 ABR 50/16),
- **Anrufbeantworter** (BAG 15.11.2000 – 7 ABR 9/99),
- **Telefaxgerät** (Fitting BetrVG § 40 Rn. 130),
- **Personal Computer** (PC) mit dazugehöriger Peripherie **(Bildschirm, Tastatur, Maus, Drucker)** sowie **betriebliche Standardsoftware,** zB MS Office-Paket (BAG 20.1.2010 – 7 ABR 79/08; Fitting BetrVG § 40 Rn. 131; zum Drucker und ggfs. Farbdrucker LAG Hamm 18.6.2010 – 10 TaBV 11/10),
- **USB-Sticks** oder **externe Festplatten** (Fitting BetrVG § 40 Rn. 131), soweit auch deren Verwendung (zB aufgrund intensiver Reisetätigkeit von Betriebsratsmitgliedern) erforderlich und nicht aufgrund der betrieblichen Datenschutzbestimmungen aus Sicherheitsgründen generell untersagt ist (LAG Hessen 13.3.2017 – 16 TaBV 212/16),
- tragbarer PC (**Laptop**, Tablet), soweit für mobile Betriebsratsarbeit erforderlich (LAG Köln 24.6.2022 – 9 TaBV 52/21; s. dazu auch nachfolgend LAG Köln 5.6.2023 – 5 Ta 26/23; Fitting BetrVG § 40 Rn. 132),
- Freischaltung des betrieblichen **Internetanschlusses** an dem netzwerkintegrierten PC des BR (BAG 20.1.2010 – 7 ABR 79/08; Fitting BetrVG § 40 Rn. 134),
- Anschluss des Betriebsrats-PC an das betriebliche **Intranet** und dessen Nutzung (BAG 3.9.2003 – 7 ABR 12/03; Fitting BetrVG § 40 Rn. 133) (→ *Frage 49: Hat der Betriebsrat einen Anspruch darauf, im Intranet präsent zu sein?*),
- IT und Kommunikationsmittel, die zur Durchführung von sowie der Teilnahme an **virtuellen Betriebsratssitzungen** erforderlich sind (→ *Frage 75: Hat der Arbeitgeber die für eine virtuelle Betriebsratssitzung erforderliche IT und Kommunikationstechnik zur Verfügung zu stellen?*),
- Einrichtung einer eigenen **E-Mail-Adresse des BR** (betriebsrat@musterfirma.de) zur Nutzung des betrieblichen E-Mail-Systems für die betriebsinterne und ggfs. auch externe Kommunikation (BAG 20.4.2016 – 7 ABR 50/14; Fitting BetrVG § 40 Rn. 133a) (→ *Frage 44: Besteht eine Pflicht des Betriebsrats, für die seine Arbeit und die seiner Ausschüsse betreffende E-Mail-Kommunikation, Funktionspostfächer einrichten zu lassen?*; → *Frage 22: Kann beansprucht werden, dass der Betriebsrat bzw. dessen Mitglieder auch außerhalb der Betriebsstätte auf die für die Betriebsratsarbeit eingerichteten E-Mail-Konten zugreifen können?*),
- Einrichtung eigener **E-Mail-Adressen** auch **für die einzelnen Betriebsratsmitglieder** (BAG 14.7.2010 – 7 ABR 80/08).

Die Erforderlichkeit einer vom BR beanspruchten IuK kann sich im Einzelfall auch daraus ergeben, dass ohne das Gerät nicht die **Vertraulichkeit der zu verarbeitenden Daten** gewährleistet ist (LAG Hamm 18.6.2010 – 10 TaBV 11/10).

Bei den zur Verfügung gestellten Geräten muss dann auch durch entsprechende Geräteeinstellungen gewährleistet sein, dass bestimmte Daten an dem vom BR zu nutzenden Gerät **nicht gespeichert** und **ausgewertet** werden. Es wird eine unzulässige **Behinderung der Betriebsratsarbeit** angenommen, wenn der Arbeitgeber oder ein Dritter ohne Weiteres nachvollziehen könnte, wer zu welchen Zeiten und in welchem Umfang Schriftstücke mit dem BR austauscht (LAG Hamm 18.6.2010 – 10 TaBV 11/10).

Praxistipp

Der BR sollte hinsichtlich der jeweils begehrten IuK-Technik einen Beschluss fassen und in diesem zugleich begründen, weshalb die Technik für die Erledigung der Betriebsratsaufgaben erforderlich ist. Sodann sollte der Arbeitgeber aufgefordert werden, die entsprechende Technik zur Verfügung zu stellen.

Formulierungsmuster

Beschluss zur Bereitstellung technischer Mittel

Der Betriebsrat beschließt in seiner heutigen Sitzung, dass der Arbeitgeber aufgefordert wird, dem Betriebsrat gem. § 40 Abs. 2 BetrVG innerhalb von ...... Wochen die zur Durchführung virtueller Betriebsratssitzungen erforderliche Ausstattung, bestehend aus:

- *drei funktionsfähigen, handelsüblichen, dem gegenwärtigen technischen Standard entsprechenden Tablets oder Laptops mit Internetzugang,*
- *......,*

zur Verfügung zu stellen.

Formulierungsmuster

Aufforderung an Arbeitgeber zur Bereitstellung technischer Mittel

Betriebsrat

An den Arbeitgeber

(Ort, Datum)

Betreff: Informations- und Kommunikationstechnik

Sehr geehrte Damen und Herren,

der Betriebsrat hat in seiner Sitzung vom ...... beschlossen, von seinem Anspruch auf Überlassung der zur Durchführung virtueller Betriebsratssitzungen erforderlichen Ausstattung, bestehend aus

- *drei funktionsfähigen, handelsüblichen, dem gegenwärtigen technischen Standard entsprechenden Tablets oder Laptops mit Internetzugang,*
- *......,*

Gebrauch zu machen. Die zuvor aufgeführte Technik benötigt der Betriebsrat zur ordnungsgemäßen Erfüllung seiner Aufgaben (§ 40 Abs. 2 BetrVG). Sie ist für die Durchführung virtueller Betriebsratssitzungen erforderlich. Der Betriebsrat hat daher beschlossen, Sie aufzufordern, die Technik kurzfristig, spätestens jedoch binnen der nächsten ...... Wochen dem Betriebsrat zur Verfügung zu stellen.

Mit freundlichen Grüßen

(Unterschrift Betriebsratsvorsitzende/r)

Stellt der Arbeitgeber dem BR die zur Erledigung der Betriebsratsarbeit erforderliche IuK-Technik nicht zur Verfügung, kann vom BR eine **gerichtliche Klärung**, in Eilfällen auch mittels **einstweiliger Verfügung**, veranlasst werden. Dabei bleibt aber zu beachten, dass der BR grds. nicht verlangen kann, dass ihm erforderliche Technik von einem bestimmten Hersteller zur Verfügung gestellt wird. Daher kann sich ein Antrag, der lediglich auf die **Technik eines bestimmten Herstellers** beschränkt ist, als unbegründet darstellen. Eine derart begrenzte Antragstellung sollte daher möglichst vermieden oder (hilfsweise) um allgemeine (nicht auf bestimmte Hersteller beschränkte) Anträge ergänzt werden (LAG Köln 24.6.2022 – 9 TaBV 52/21).

Formulierungsmuster

Antrag bei Gericht auf Zurverfügungstellung technischer Mittel (einstweilige Verfügung s. LAG Hessen 21.5.2021 – 16 TaBVGa 79/21)

Der/Dem Beteiligten zu 2 (Arbeitgeber) wird im Wege der einstweiligen Verfügung aufgegeben, dem Beteiligten zu 1 (Betriebsrat) drei funktionsfähige, handelsübliche, dem gegenwärtigen technischen Standard entsprechende Tablets oder Laptops mit Internetzugang bis spätestens ...... unentgeltlich zur Verfügung zu stellen.

Teilweise wird für die **hinreichende Bestimmtheit** eines bei Gericht einzureichenden Antrags verlangt, dass die Anforderungen an die zur Verfügung gestellte Technik näher konkretisiert wird. Insoweit könnte (nach entsprechender Beschlussfassung durch den BR und vergeblicher außergerichtlicher Aufforderung gegenüber dem Arbeitgeber, die Technik zur Verfügung zu stellen) vorstehender Antrag wie folgt konkretisiert und eingereicht werden (s. LAG Köln 24.6.2022 – 9 TaBV 52/21):

Formulierungsmuster

Der/Dem Beteiligten zu 2 (Arbeitgeber) wird im Wege der einstweiligen Verfügung aufgegeben, dem Beteiligten zu 1 (Betriebsrat) drei funktionsfähige, handelsübliche, dem gegenwärtigen technischen Standard entsprechende Tablets oder Laptops mit Internetzugang bis spätestens ...... ununentgeltlich zur Verfügung zu stellen, die zumindest folgende Leistungsmerkmale aufweisen:

- *Betriebssystem: Windows 10 Pro 64-Bit-Version-deutsch*
- *integriertes Kamera- sowie Audiosystem*

- *Tastatur Layout Deutsch*
- *Multitouchpad*
- *Akku mit Laufzeit von mindestens fünf Stunden*
- *LAN-Funktion*
- *mindestens zwei USB-Schnittstellen*
- *Eingang Wechselstrom 120/230V (50/60 HZ) mit Stromladekabel*
- *Software: Microsoft-Office-Paket mit Microsoft Word, Excel, Power Point, Outlook*
- *nicht webbasiertes Programm für Videokonferenzen*

Praxistipp

Hat der Arbeitgeber dem BR einen Laptop zur Verfügung zu stellen, dann kommt er dieser Verpflichtung nicht nach, wenn er auf einer festen Montage des Geräts (zB im Betriebsratsbüro) besteht. Der BR kann hier vielmehr eine standortunabhängige Überlassung des Laptops beanspruchen und dies im Streitfall auch gerichtlich durchsetzen (s. LAG Köln 5.6.2023 – 5 Ta 26/23).

20. Welche Software kann der Betriebsrat beanspruchen?

Zu der IuK-Technik, die der BR im Regelfall nach § 40 Abs. 2 BetrVG vom Arbeitgeber verlangen kann, gehört ein Personal Ccomputer (PC) mit dazugehöriger Peripherie und der betrieblichen Standardsoftware, zB **MS-Office-Paket** (→ *Frage 19: Auf welche IT und Kommunikationstechnik kann sich der Anspruch des Betriebsrats erstrecken?;* BAG 20.1.2010 – 7 ABR 79/08; Fitting BetrVG § 40 Rn. 131).

Auch in den Gesetzesmaterialien werden nicht nur *„Computer“* als Teil der IuK-Technik erwähnt, sondern auch die Ausstattung der Hardware *„mit entsprechender Software“* (BT-Drs. 14/5741, 41).

Daher sind dem BR auf Verlangen neben der Hardware auch die üblicherweise in jedem Betrieb verwendeten Programme für **Textverarbeitung** und **Tabellenkalkulation** (zB Excel) zur Verfügung zu stellen. Der BR muss sich dabei im Regelfall nicht auf **veraltete Hard- bzw. Software** verweisen lassen. Hält der Betriebsrat aber eine über dem betriebsüblichen Niveau liegende Ausstattung für erforderlich, dann ist die Erforderlichkeit der Ausstattung für die Erledigung der anfallenden Betriebsratstätigkeit im Streitfall gesondert darzulegen (Fitting BetrVG § 40 Rn. 131a).

Auch hier ist zu beachten, dass die **vom Arbeitgeber** im Betrieb selbst **eingesetzte Technik** einschließlich der Softwarekomponenten die Beurteilung der Erforderlichkeit der vom BR begehrten Ausstattung beeinflusst (BAG 1.12.2004 – 7 ABR 18/04; Fitting BetrVG § 40 Rn. 131a).

Dies gilt auch für die Erforderlichkeit einer vom BR begehrten Software, die zB ein höheres **Schutzniveau** als die im Betrieb üblicherweise verwendete Software bietet, etwa eine besondere **Verschlüsselungsfunktion.** Die Erforderlichkeit einer derartigen Software wird im Regelfall nur bei Vorliegen besonderer Umstände festzustellen sein (LAG Köln 9.7.2010 – 4 TaBV 25/10; Fitting BetrVG § 40 Rn. 131a).

So kann sich die Erforderlichkeit der vom BR verlangten Software daraus ergeben, dass diese – anders als die bislang vom Arbeitgeber im Betrieb verwendete Software – den **Anforderungen der DS-GVO** entspricht und ein hinreichendes Niveau zur Sicherung der personenbezogenen Daten bietet (Fitting BetrVG § 40 Rn. 131a).

Die geforderte Software kann sich als notwendige Maßnahme in einem vom BR (unter Heranziehung eines IT-Sachverständigen) erstellten **Datenschutzkonzept** darstellen, um bei der Datenverarbeitung ein dem Risiko angemessenes Schutzniveau sicherzustellen (→ *Frage 13: Inwieweit unterliegt die mobile Betriebsratstätigkeit den Anforderungen des Datenschutzes?*). Der Arbeitgeber hat den BR dann auch nach § 40 Abs. 2 BetrVG, § 79a S. 3 BetrVG mit den entsprechenden *„geeigneten Sicherungseinrichtungen für Unterlagen mit personenbezogenen Daten, auszustatten“* (BT-Drs. 19/28899, 22; Fitting BetrVG § 79a Rn. 40).

Erlaubt die Geschäftsordnung des BR **virtuelle Sitzungen** (→ *Frage 64: Sind virtuelle Sitzungen des Betriebsrats überhaupt zulässig?*), sind dem BR nicht nur die zur Durchführung dieser Sitzung erforderlichen Geräte zur Verfügung zu stellen. Auch die erforderliche Software kann der BR nach § 40 Abs. 2 BetrVG beanspruchen. Unter § 40 Abs. 2 BetrVG fällt insbesondere auch die **Hard- und Software,** die zur Sicherstellung der Nichtöffentlichkeit (§ 30 Abs. 2 S. 1 Nr. 3 BetrVG) erforderlich ist (→ *Frage 75: Hat der Arbeitgeber die für eine virtuelle Betriebsratssitzung erforderliche IT und Kommunikationstechnik zur Verfügung zu stellen?*).

Im Einzelfall kann der BR auch die Mitbenutzung eines bereits im Betrieb vorhandenen Zugangs zu einer kostenpflichtigen **juristischen Datenbank** (zB Betriebsrat PREMIUM oder Arbeitsrecht OPTIMUM) verlangen (→ *Frage 31: Besteht ein Anspruch des Betriebsrats darauf, dass ihm ein Zugriff auf kostenpflichtige (juristische) Datenbanken ermöglicht wird?*).

21. Welche IT bzw. Kommunikationstechnik kann grundsätzlich nicht beansprucht werden?

Im Regelfall kann der BR folgende IuK-Technik **nicht** als erforderliches Sachmittel (→ *Frage 19: Auf welche IT und Kommunikationstechnik kann sich der Anspruch des Betriebsrats erstrecken?*) ansehen:

- einen von der betrieblichen Telefonanlage **unabhängigen Telefonanschluss**, wenn der BR über einen Nebenstellenanschluss die Möglichkeit zur uneingeschränkten Telekommunikation hat (BAG 20.4.2016 – 7 ABR 50/16; aA Fitting BetrVG § 40 Rn. 128),
- **Mobiltelefone**, soweit nicht aufgrund besonderer Umstände diese Geräte zur Erfüllung der Betriebsratsarbeit erforderlich sind, zB wenn bei weit auseinanderliegenden Betriebsstätten das Führen abhörsicherer Gespräche (Telefon im Kundenraum) nicht gewährleistet ist (LAG Hessen 13.3.2017 – 16 TaBV 212/16; Fitting BetrVG § 40 Rn. 128a),
- separater, vom Proxy-Server des Arbeitgebers **unabhängiger Internetzugang** (BAG 20.4.2016 – 7 ABR 50/16),
- Einrichtung einer über das Internet **öffentlich zugänglichen Homepage** bzw. eines **Social-Media-Accounts** (dazu Fitting BetrVG § 40 Rn. 133; → *Frage 56: Kann der Betriebsrat eine eigene Homepage im Internet beanspruchen?*; → *Frage 57: Besteht ein Anspruch auf einen öffentlichen Auftritt in sozialen Netzwerken?*).

22. Kann beansprucht werden, dass der Betriebsrat bzw. dessen Mitglieder auch außerhalb der Betriebsstätte auf die für die Betriebsratsarbeit eingerichteten E-Mail-Konten zugreifen können?

Zur Erledigung der Betriebsratsarbeit kann es erforderlich sein, dass die Betriebsratsmitglieder betriebsexterne Zugriffsmöglichkeiten auf ihre für die Betriebsratsarbeit eingerichteten E-Mail-Konten haben (→ *Frage 19: Auf welche IT und Kommunikationstechnik kann sich der Anspruch des Betriebsrats erstrecken?*; → *Frage 44: Besteht eine Pflicht des Betriebsrats, für die seine Arbeit und die seiner Ausschüsse betreffende E-Mail-Kommunikation, Funktionspostfächer einrichten zu lassen?*). Befindet sich ein Betriebsratsmitglied nicht in der Betriebsstätte (zB Freischicht, pandemiebedingte Quarantäne, Homeoffice etc), stellt der **betriebsexterne Zugang zu** den für die Betriebsratsarbeit eingerichteten **E-Mail-Konten** regelmäßig eine angemessene und iSv § 40 Abs. 2 BetrVG erforderliche Kommunikationsmöglichkeit dar. Dabei können nicht nur die im Zusammenhang mit der Betriebsratsarbeit stehenden E-Mails gelesen und bearbeitet werden. Vielmehr kann auch der Versand von E-Mails im Rahmen der Betriebsratsarbeit erforderlich sein. In der **Gesetzesbegründung** erwähnt der Gesetzgeber beispielhaft die Versendung von Teilnahmebestätigungen per E-Mail iSv § 34 Abs. 1 S. 4 BetrVG (BT-Drs. 19/28899, 20).

Sofern nicht berechtigte Belange des Arbeitgebers entgegenstehen, kann daher der BR regelmäßig die Einrichtung technischer Möglichkeiten zur betriebsexternen Nutzung von vorhandenen E-Mail-Konten des BR bzw. der Betriebsratsmitglieder immer dann verlangen, wenn ein Teil oder gar alle Mitglieder des BR in einem **Schichtsystem** bzw. mobil (zB im **Homeoffice**) tätig sind (LAG Mecklenburg-Vorpommern 19.1.2022 – 3 TaBV 10/21).

Formulierungsmuster

***Antrag bei Gericht zur Durchsetzung einer betriebsexternen Nutzung der E-Mail-Konten** (s. LAG Mecklenburg-Vorpommern 19.1.2022 – 3 TaBV 10/21)*

Die Beteiligte zu 2 (Arbeitgeber) wird verpflichtet, den sieben ordentlichen Mitgliedern des Beteiligten zu 1 (Betriebsrat) eine technische Möglichkeit zu schaffen, dass diese auch von außerhalb der Betriebsstätte Zugriff auf das Betriebsrats-E-Mail-Konto sowie auf ihr individuelles Betriebsrats-E-Mail-Konto erhalten.

23. Darf der Arbeitgeber E-Mail-Konten des Betriebsrats kontrollieren?

Es wäre mit der vom Betriebsverfassungsrecht geforderten Eigenständigkeit des BR unvereinbar, **Kontrollrechte** und **Weisungsbefugnisse des Arbeitgebers** hinsichtlich der Ausübung des Betriebsratsamtes zu begründen. Zudem läge in einer arbeitgeberseitigen Kontrolle auch regelmäßig ein Verstoß gegen die Pflicht zur vertrauensvollen Zusammenarbeit (§ 2 Abs. 1 BetrVG). Daher darf der Arbeitgeber grds. nicht die Unterlagen und Korrespondenz des BR kontrollieren und in dessen E-Mail-Konten sowie die dort hinterlegte E-Mail-Korrespondenz Einsicht nehmen (LAG Düsseldorf 7.3.2012 – 4 TaBV 87/11).

Verstöße können als **Behinderung der Betriebsratstätigkeit** nach § 78 S. 1 BetrVG eingestuft werden und im Einzelfall auch nach § 119 Abs. 1 Nr. 2 BetrVG **strafbar** sein.

Davon zu trennen ist die Frage, inwieweit die Verarbeitung personenbezogener Daten durch den Betriebsrat der Überwachung durch den betrieblichen Datenschutzbeauftragten unterliegt (→ *Frage 96: Unterliegt der Betriebsrat einer Kontrolle durch den betrieblichen Datenschutzbeauftragten?*).

24. Besteht ein Zugriffsrecht des Arbeitgebers auf das Betriebsratslaufwerk und darf er die dort befindlichen Daten einsehen?

Es besteht auch kein allgemeines **Zugriffsrecht** des Arbeitgebers auf das Betriebsratslaufwerk. Daher ist der Arbeitgeber grds. nicht berechtigt, in die dort hinterlegten Dateien Einblick zu nehmen (LAG Düsseldorf 7.3.2012 – 4 TaBV 87/11).

25. Muss bzw. kann der Arbeitgeber dem Betriebsrat einen Online-Zugriff auf Datenverarbeitungsverfahren des Arbeitgebers einräumen?

Aus § 40 Abs. 2 BetrVG lässt sich kein Online-Zugriffsrecht des BR auf Datenverarbeitungsverfahren des Arbeitgebers, zB der Zugang zu einem **SAP-Entgeltabrechnungssystem** des Arbeitgebers, ableiten. Denn § 40 Abs. 2 BetrVG betrifft die Zurverfügungstellung der technischen Mittel, die im Rahmen der Erfüllung von Betriebsratsaufgaben zur Kommunikation und Informationsbeschaffung erforderlich sind. Aus der Vorschrift lässt sich aber **kein Recht auf Zugang zu bestimmten Informationen** selbst ableiten. Ein solches kann sich aber im Rahmen der Wahrnehmung von Beteiligungsrechten des BR ergeben (LAG Nürnberg 4.8.2004 – 4 TaBV 49/03).

26. Darf der Betriebsrat die ihm vom Arbeitgeber zur Verfügung gestellte IT bzw. Kommunikationstechnik privat nutzen?

Der BR darf die ihm nach § 40 Abs. 2 BetrVG vom Arbeitgeber zur Verfügung gestellte IuK-Technik nur zur ordnungsgemäßen Erfüllung seiner aus dem BetrVG folgenden Betriebsratsaufgaben verwenden. Mit der **privaten Nutzung** von IuK-Technik werden keine Betriebsratsaufgaben erfüllt. Daher würde der BR bzw. das jeweilige Mitglied pflichtwidrig handeln, soweit die zur Betriebsratsarbeit zur Verfügung gestellte IuK-Technik privat genutzt wird. In einem gravierenden bzw. beharrlichen Missbrauch der IuK-Technik kann auch ein **grober Verstoß** iSv § 23 BetrVG zu sehen sein.

Praxistipp

Betriebsräte sollten darauf verzichten, die ihnen für die Erledigung der Betriebsratstätigkeit zur Verfügung gestellte IT und Kommunikationstechnik privat zu nutzen. Anderenfalls droht u. a. ein Ausschluss aus dem Betriebsrat.

27. Kann der Arbeitgeber jederzeit die Herausgabe der dem Betriebsrat zur Verfügung gestellten IT bzw. Kommunikationstechnik verlangen?

Da der Arbeitgeber Eigentümer der dem BR zur Verfügung gestellten IuK-Technik bleibt, kann er regelmäßig auch deren Herausgabe verlangen. Allerdings hat er dem BR ein **gleichwertiges Ersatzstück** zur Verfügung zu stellen, soweit dies (weiterhin) für die Betriebsratstätigkeit erforderlich ist. Zudem ist sicherzustellen, dass sich der Arbeitgeber mit der Herausgabe nicht unbefugt Einsicht in Daten verschafft, die im Rahmen der Betriebsratstätigkeit auf der herauszugebenden IuK-Technik gespeichert wurden. Denn hinsichtlich dieser Daten besteht im Regelfall weder ein Anspruch des Arbeitgebers auf Herausgabe noch auf Einsichtnahme (→ *Frage 23: Darf der Arbeitgeber E-Mail-Konten des Betriebsrats kontrollieren?*; s. auch Fitting BetrVG § 40 Rn. 107).

28. Wem steht IT bzw. Kommunikationstechnik zu, die Betriebsratsmitglieder im Rahmen einer Betriebsratsschulung als Beigabe vom Schulungsveranstalter erhalten haben?

Seminarbeigaben, die Betriebsratsmitglieder von dem Veranstalter einer Betriebsratsschulung erhalten (zB Tablets) sind **Hilfsmittel** für die Betriebsratsarbeit. Im Regelfall sind sie für die Arbeit des gesamten Gremiums und nicht für die private Verwendung einzelner Betriebsratsmitglieder bestimmt und gehen dann auch in das **Eigentum des Arbeitgebers** über. Soweit und solange die Beigabe für die Erfüllung der Betriebsratsaufgaben erforderlich ist, besteht aber regelmäßig ein **Besitzrecht des BR.** Der Arbeitgeber kann dann – solange er kein gleichwertiges Ersatzstück zur Verfügung stellt – nicht die Herausgabe der Beigabe verlangen (Fitting BetrVG § 40 Rn. 74a; Zimmermann NZA 2017, 162 (164); offengelassen von BAG 17.11.2021 – 7 ABR 27/20).

Allerdings hat der Arbeitgeber grds. keinen Anspruch darauf, dass ihm mit den herausverlangten Geräten auch die dort **gespeicherten Daten** der Betriebsratsarbeit (zB der zwischen dem Betriebsrat und Arbeitnehmern geführte Schriftverkehr) zur Kenntnis gelangen. Er darf diese Daten weder herausverlangen, noch in sie Einsicht nehmen (→ *Frage 23: Darf der Arbeitgeber E-Mail-Konten des Betriebsrats kontrollieren?*).

29. Können Betriebsräte private bzw. eigene IT bzw. Kommunikationstechnik zur Erledigung von Betriebsratsaufgaben nutzen?

Es wird vertreten, dass die Betriebsratsmitglieder notfalls auch ein privates, eigenes Gerät nutzen können, um ihre Betriebsratsaufgaben zu erfüllen (zur Teilnahme an einer Betriebsratssitzung → *Frage 76: Können auch private Geräte genutzt werden, um an einer virtuellen Betriebsratssitzung teilzunehmen?*). Allerdings sind dabei die für die **Nutzung privater Geräte** im Betrieb geltenden Regelungen, insbesondere die Regelungen zum Datenschutz und auch ein vom BR selbst erstelltes **Datenschutzkonzept,** zu beachten (→ *Frage 93: Inwieweit muss der Betriebsrat bei seiner Tätigkeit die Vorgaben des Datenschutzes beachten?*). Insoweit wäre es u. a. pflichtwidrig, wenn ein Betriebsratsmitglied Daten von privaten Geräten, die nicht über ein aktuelles **Virenschutzprogramm** verfügen – etwa mithilfe eines Sticks –, aus dem Eigengerät in das betriebliche EDV-System (zB über den für die Betriebsratsarbeit zur Verfügung gestellten PC) einbringt.

III. Ausstattung mit digitaler Fachliteratur/Datenbanken

Die digitale Betriebsratsarbeit erfolgt zunehmend unter Nutzung digitaler Fachliteratur und Datenbanken. In der betrieblichen Praxis wird in diesem Zusammenhang häufig gefragt, ob der Arbeitgeber dem BR eine entsprechende Nutzung ermöglichen muss. Darauf wird in diesem Kapitel eingegangen.

30. Kann der Betriebsrat vom Arbeitgeber verlangen, dass ihm Fachliteratur auch in digitaler Form (Online-Werke) zur Verfügung gestellt wird?

Zu den dem BR nach § 40 Abs. 2 BetrVG zur Verfügung zu stellenden Sachmitteln gehört u. a. die einschlägige **Fachliteratur,** soweit diese zur Erfüllung der Betriebsratsaufgaben erforderlich ist. Darunter fällt stets ein aktueller **Kommentar** zum Betriebsverfassungsgesetz (Fitting BetrVG § 40 Rn. 119 f.).

Es besteht grds. keine Einschränkung dahin gehend, dass Fachliteratur lediglich **papiergebunden** zur Verfügung zu stellen ist. Daher kann grds. auch die für die Erledigung der Betriebsratsarbeit erforderliche Fachliteratur in **digitaler Form** begehrt werden. Dies gilt jedenfalls dann, wenn dies nicht mit mehr **Kosten** verbunden ist als der Erwerb des papiergebundenen Werks.

31. Besteht ein Anspruch des Betriebsrats darauf, dass ihm ein Zugriff auf kostenpflichtige (juristische) Datenbanken ermöglicht wird?

Ein Anspruch des BR auf Einräumung von Zugriffsrechten auf kostenpflichtige (juristische) **Datenbanken** kann bei Darlegung der einzelfallabhängigen Erforderlichkeit nach § 40 Abs. 2 BetrVG bestehen. Ohne entsprechende Darlegung kann der BR im Regelfall jedenfalls die **Mitbenutzung eines** im Betrieb **bereits vorhandenen Zugangs** insoweit verlangen, als dies für den Arbeitgeber nicht mit zusätzlichen bzw. unverhältnismäßigen **Kosten,** zB durch das Erfordernis zusätzlicher Lizenzen bzw. Technik, verbunden ist (Fitting BetrVG § 40 Rn. 134).

IV. Wahrnehmung von Beteiligungs- und Mitbestimmungsrechten

Beteiligungs- und Mitbestimmungsrechte können bereits jetzt unter Verwendung digitaler Kommunikationsmittel wahrgenommen werden. Die damit verbundenen Möglichkeiten, aber auch die bestehenden Grenzen werden in diesem Kapitel aufgezeigt.

32. Können Beteiligungs- und Mitbestimmungsrechte unter Verwendung digitaler Kommunikationsmittel wahrgenommen werden?

Der Austausch zwischen dem BR (vertreten durch den Betriebsratsvorsitzenden, § 26 BetrVG) und dem Arbeitgeber kann grds. **formlos** und damit auch unter **Nutzung digitaler Kommunikationsmittel** (zB per E-Mail) erfolgen. Soweit sich aus dem Gesetz keine strengeren Anforderungen ergeben (→ *Frage 33: Welche Formvorschriften sind bei der Wahrnehmung von Beteiligungs-/Mitbestimmungsrechten zu beachten?*), kann auch die Wahrnehmung von Beteiligungs- sowie Mitbestimmungsrechten in dieser Art und Weise erfolgen.

Die **Vertretungsbefugnis** des Betriebsratsvorsitzenden besteht aber auch hier nur im Rahmen der vom BR gefassten Beschlüsse (zur Beschlussfassung u. a. → *Frage 79: Können in einer virtuellen Betriebsratssitzung (wirksame) Beschlüsse gefasst werden? Was ist dabei zu beachten?*; Fitting BetrVG § 26 Rn. 24).

Die Kommunikation muss zudem auch hier den **Anforderungen des Datenschutzes** entsprechen (→ *Frage 93: Inwieweit muss der Betriebsrat bei seiner Tätigkeit die Vorgaben des Datenschutzes beachten?*). Darüber hinaus sind die beim Abschluss von **Betriebsvereinbarungen** geltenden Besonderheiten (→ *Frage 34: Was gilt beim Abschluss von Betriebsvereinbarungen?*) zu beachten.

33. Welche Formvorschriften sind bei der Wahrnehmung von Beteiligungs-/Mitbestimmungsrechten zu beachten?

Das Betriebsverfassungsgesetz sieht bei einigen Beteiligungs-/Mitbestimmungsrechten die Wahrung der **Schriftform** vor. Dabei sind folgende Regelungen zu berücksichtigen:

- § 99 Abs. 3 S. 1 BetrVG für die Verweigerung der Zustimmung zu einer **Einstellung, Eingruppierung, Umgruppierung** bzw. **Versetzung**,
- § 102 Abs. 2 S. 1 und 3 BetrVG für den Widerspruch zu einer **Kündigung.**

Allerdings ist mit der Schriftform hier nicht die strenge Form des § 126 BGB gemeint (Fitting BetrVG § 99 Rn. 260a, § 102 Rn. 64). Es genügt vielmehr die Einhaltung der **Textform** nach § 126b BGB, zB durch eine an den Arbeitgeber versandte Mail, mit der die Zustimmungsverweigerung bzw. der Widerspruch zu der personellen Einzelmaßnahme nebst Begründung enthalten ist. Dabei ist allerdings darauf zu achten, dass sich aus der Mail der **Name des** handelnden **Betriebsratsvorsitzenden** ergibt, indem der E-Mail-Text damit abschließt, zB *Mit freundlichen Grüßen, Max Mustermann, Betriebsratsvorsitzender* (BAG 21.3.2018 – 7 ABR 38/16; Fitting BetrVG § 99 Rn. 260b).

Praxistipp

Der BR sollte bei einer Verweigerung der Zustimmung bzw. einem Widerspruch zu einer personellen Einzelmaßnahme nach §§ 99, 102 BetrVG dokumentieren, dass die entsprechenden Erklärungen innerhalb der hier geltenden Fristen gegenüber dem Arbeitgeber auch tatsächlich zugegangen sind. Dies kann bspw. erfolgen, indem er sich den Erhalt der an den Arbeitgeber versandten E-Mail (schriftlich oder per E-Mail) von diesem bestätigen lässt.

Zu beachten bleibt, dass §§ 99, 102 BetrVG nur für die Verweigerung der Zustimmung bzw. den Widerspruch das Formerfordernis vorsehen. Der **Informationsaustausch** bzw. die Kommunikation, die außerhalb dieser Erklärungen erfolgt, kann also auch hier formfrei (mündlich, digital etc) erfolgen. Dies gilt auch für den Fall, dass der personellen Maßnahme zugestimmt werden soll. Auch dies ist formfrei (zB mündlich) möglich.

34. Was gilt beim Abschluss von Betriebsvereinbarungen?

Betriebsvereinbarungen sind nach § 77 Abs. 2 S. 1 und 2 BetrVG **schriftlich** niederzulegen und vom Arbeitgeber sowie BR zu unterzeichnen. Nach der Neuregelung durch das Betriebsrätemodernisierungsgesetz besteht gem. § 77 Abs. 2 S. 3 BetrVG nunmehr auch die Möglichkeit, Betriebsvereinbarungen **in elektronischer Form** abzuschließen. Allerdings haben die Betriebsparteien in diesem Fall – abweichend von § 126a Abs. 2 BGB – dasselbe Dokument elektronisch zu signieren. Damit soll gewährleistet werden, dass auf der auszulegenden Betriebsvereinbarung (vgl. § 77 Abs. 2 S. 4 BetrVG) die **Signaturen beider Betriebsparteien** ersichtlich sind (Fitting BetrVG § 77 Rn. 21e).

V. Einsichtsrechte der Betriebsratsmitglieder

Die Digitalisierung der Betriebsratsarbeit hat zur Folge, dass sich mit der Nutzung digitaler Kommunikationsmittel auch neue Fragestellungen zu bestehenden Einsichts- bzw. Zugriffsrechten der Betriebsratsmitglieder ergeben. Dies betrifft u. a. die Einsichtnahme in die digitalen Unterlagen des BR und seiner Ausschüsse, wirft aber auch die Frage auf, ob und in welchem Umfang ein Zugriff auf die eingerichteten Funktionspostfächer des BR beansprucht werden kann. Damit befasst sich dieses Kapitel.

35. Haben Betriebsratsmitglieder das Recht auf Einsichtnahme in alle digitalen Unterlagen des Betriebsrats und seiner Ausschüsse?

Alle Mitglieder des BR haben das Recht, die Unterlagen des BR und seiner Ausschüsse **jederzeit** einzusehen (§ 34 Abs. 3 BetrVG). Jederzeit bedeutet aber nicht 24 Stunden an sieben Tagen der Woche. Es muss nur sichergestellt werden, dass sich jedes Betriebsratsmitglied ohne relevante zeitliche Verzögerung über die Vorgänge im BR informieren kann (Fitting BetrVG § 34 Rn. 33). Dieses Recht kann nicht wirksam ausgeschlossen werden. Mit dem Ausscheiden aus dem BR entfällt allerdings das Einsichtsrecht (LAG Hessen 25.10.2012 – 9 TaBV 129/12).

Das Einsichtsrecht aus § 34 Abs. 3 BetrVG erstreckt sich auf alle Unterlagen, die aus der **Tätigkeit des BR** bzw. seiner Ausschüsse entspringen. Erfasst werden insbesondere die Unterlagen, die nach § 80 Abs. 2 S. 2 BetrVG zur Verfügung gestellt wurden. Das Recht auf Einsichtnahme in diese Unterlagen besteht unabhängig davon, ob der BR bzw. Ausschuss die Unterlagen selbst angefertigt hat oder ob ihm diese von anderer Seite (zB Arbeitgeber, Arbeitnehmer, Gewerbeaufsichtsamt, Berufsgenossenschaft) zugleitet wurde. Die Form der Unterlagen ist unerheblich. Daher besteht auch ein Recht auf Einsichtnahme in **digitale Unterlagen** des BR und seiner Ausschüsse; erfasst werden sämtliche auf Datenträgern gespeicherten Dateien sowie die Korrespondenz des BR und seiner Ausschüsse unter deren E-Mail-Adresse (BAG 12.8.2009 – 7 ABR 15/08; Fitting BetrVG § 34 Rn. 36).

36. Wird das Einsichtsrecht durch die Vorgaben des Datenschutzes eingeschränkt?

Das Einsichtsrecht wird durch die Regeln des Datenschutzes selbst nicht eingeschränkt. Daher kann die Einsichtnahme in elektronische Daten des BR auch nicht unter Verweis darauf verweigert werden, dass sich darunter **personenbezogene Daten** befinden. Allerdings hat der BR durch geeignete Maßnahmen sicherzustellen, dass im Rahmen des Zugriffs der Betriebsratsmitglieder auf die elektronischen Daten der erforderliche **Datenschutz** gewährleistet ist (s. dazu aber auch BAG 12.8.2009 – 7 ABR 15/08; Fitting BetrVG § 34 Rn. 33c).

Insbesondere ist zu beachten, dass dem Betriebsratsmitglied aus Datenschutzgründen kein Zugriff auf **persönliche E-Mail-Accounts** anderer Betriebsratsmitglieder gewährt werden darf (→ *Frage 39: Besteht ein Zugriffsrecht der einzelnen Betriebsratsmitglieder auf persönliche bzw. private E-Mail-Accounts anderer Betriebsratsmitglieder?*). Zu der daraus folgenden Pflicht zur **Einrichtung von Funktionspostfächern** → *Frage 44: Besteht eine Pflicht des Betriebsrats, für die seine Arbeit und die seiner Ausschüsse betreffende E-Mail-Kommunikation, Funktionspostfächer einrichten zu lassen?*

Da nur ein Leserecht besteht (→ *Frage 37: Beinhaltet das Recht auf Einsichtnahme auch ein Recht auf Fertigung (digitaler) Kopien?*), ist durch entsprechende technische Maßnahmen sicherzustellen, dass bei der Einsichtnahme nur ein **Lesezugriff** besteht. Es ist zulässig, die **Druck- und Kopierfunktion** durch geeignete technische Maßnahmen zu sperren (BAG 12.8.2009 – 7 ABR 15/08; aA Fitting BetrVG § 34 Rn. 34, soweit dort ein Recht zur Fertigung von Kopien bejaht wird). Dies kann sich auch aus Datenschutzgesichtspunkten (→ *Frage 94: Hat der Betriebsrat eigenverantwortlich die*

Umsetzung technischer und organisatorischer Maßnahmen zur Gewährleistung des Datenschutzes vorzunehmen?) als notwendig erweisen.

Problematisch ist dabei, dass ein Einsicht nehmendes Betriebsratsmitglied trotz Sperrung der Druck- und Kopierfunktion **Bildschirmfotos** beispielsweise mit einem privaten Smartphone fertigen kann. Das damit verbundene Risiko von Datenschutzverstößen könnte durch geeignete **organisatorische Schutzmaßnahmen** verhindert werden, indem etwa die Einsichtnahme nur im Beisein des Betriebsratsvorsitzenden (zB im Betriebsratsbüro) möglich ist. Allerdings kann sich eine derartige Maßnahme als unzulässige Erschwerung des Rechts auf „jederzeitige" Einsichtnahme darstellen. Bis zu einer höchstrichterlichen Klärung sollte auf entsprechende Einschränkungen eher verzichtet werden.

37. Beinhaltet das Recht auf Einsichtnahme auch ein Recht auf Fertigung von (digitalen) Kopien?

Der Sinn des Einsichtsrechts besteht darin, dass sich die Betriebsratsmitglieder mit „*eigenen Augen*" einen **Eindruck** von den Unterlagen des BR verschaffen können. Soweit hierfür ein sachliches Bedürfnis besteht und auch hier die datenschutzrechtlichen Vorgaben beachtet werden, können auch **Notizen** angefertigt werden. Allerdings erstreckt sich das Einsichtsrecht im Regelfall nicht darauf, **Kopien** bzw. Ausdrucke der Unterlagen zu fertigen (BAG 27.5.1982 – 6 ABR 66/79; BAG 12.8.2009 – 7 ABR 15/08; aA Fitting BetrVG § 34 Rn. 34).

38. Muss den einzelnen Betriebsratsmitgliedern ein (lesender) Zugriff auf die eingerichteten Funktionspostfächer des Betriebsrats eingeräumt werden?

Der Anspruch auf Einsichtnahme nach § 34 Abs. 3 BetrVG erstreckt sich auch auf die E-Mail-Korrespondenz des BR. Daher können die einzelnen Betriebsratsmitglieder verlangen, dass der BR einen (lesenden) Zugriff auf die seine Arbeit und die seiner Ausschüsse betreffende E-Mail-Kommunikation gewährt. Daher ist auf Verlangen auch eine Einsichtnahme in die eingerichteten **Funktionspostfächer des BR und seiner Ausschüsse** (→ *Frage 44: Besteht eine Pflicht des Betriebsrats, für die seine Arbeit und die seiner Ausschüsse betreffende E-Mail-Kommunikation, Funktionspostfächer einrichten zu lassen?*) zu gewähren (LAG Sachsen 11.5.2021 – 3 TaBV 22/20; Fitting BetrVG § 34 Rn. 33).

39. Besteht ein Zugriffsrecht der einzelnen Betriebsratsmitglieder auf persönliche bzw. private E-Mail-Accounts anderer Betriebsratsmitglieder?

Private bzw. persönlich für das betreffende Mitglied eingerichtete **dienstlich E-Mail-Accounts** werden regelmäßig nicht (ausschließlich) für die Betriebsratstätigkeit verwendet und beinhalten private bzw. dienstliche Kommunikation mit darin enthaltenen personenbezogenen Daten. Daher erstreckt sich das in § 34 Abs. 3 BetrVG verankerte Zugriffsrecht aus **Datenschutzgründen** nicht auf diese E-Mail-Accounts. Dies gilt selbst dann, wenn sich dort Korrespondenz des BR befindet (LAG Sachsen 11.5.2021 – 3 TaBV 22/20).

Beispiel

Der Betriebsratsvorsitzende hat von seinem personenbezogenen dienstlichen E-Mail-Account aus auch E-Mails in seiner Funktion als Betriebsratsvorsitzender mit der Arbeitgeberseite ausgetauscht. Da sich auf diesem E-Mail-Account regelmäßig auch dienstliche E-Mails befinden, kann auch nach § 34 Abs. 3 BetrVG nicht auf diesen Account zugegriffen werden.

Zu der daraus folgenden Pflicht zur Einrichtung von Funktionspostfächern → *Frage 44: Besteht eine Pflicht des Betriebsrats, für die seine Arbeit und die seiner Ausschüsse betreffende E-Mail-Kommunikation, Funktionspostfächer einrichten zu lassen?*

40. Wie erfolgt die Einsichtnahme in digitale Unterlagen?

Zur Einsichtnahme der in digitaler Form vorliegenden Unterlagen ist dem Betriebsratsmitglied der Zugang zu den entsprechenden Dateien des BR zu gewähren. Dies bedeutet, dass dem Betriebsratsmitglied über das betriebsinterne Netz ein **Online-Zugriff** auf die entsprechenden Ordner mit den dort befindlichen Dateien des BR zu gewähren ist. Das Einsichtsrecht ist aber auf einen **Lesezugriff** beschränkt. Aus Datenschutzgründen ist es regelmäßig erforderlich, die **Druck- und Kopierfunktion** durch geeignete technische Maßnahmen zu sperren (→ *Frage 36: Wird das Einsichtsrecht durch die Vorgaben des Datenschutzes eingeschränkt?*).

41. Wie kann der Anspruch auf Einsichtnahme in digitale Unterlagen außergerichtlich bzw. gerichtlich geltend gemacht werden?

Der Anspruch auf Einsichtnahme in die digitalen Unterlagen des BR aus § 34 Abs. 3 BetrVG kann von jedem einzelnen Betriebsratsmitglied zunächst **außergerichtlich** verfolgt werden. Dazu wird der BR – vertreten durch dessen Vorsitzenden – aufgefordert, die Einsichtnahme in die jeweiligen digitalen Unterlagen zu ermöglichen. Die Geltendmachung ist nicht an eine bestimmte Form gebunden.

Praxistipp

Aus Dokumentations- und Beweisgründen sollte die Geltendmachung einer Einsichtnahme zumindest in Textform, zB mittels einer an den Betriebsratsvorsitzenden gerichteten Mail, erfolgen.

Formulierungsmuster

Antrag auf Einsichtnahme

Liebe/Lieber ......,

ich wende mich als Mitglied unseres Gremiums an Dich als Betriebsratsvorsitzenden und bitte um Einsichtnahme in folgende Dateien des Betriebsrats: ......

Viele Grüße

(Betriebsratsmitglied)

Wird die Einsichtnahme verweigert, kann eine gerichtliche Klärung erfolgen. Dazu muss vor dem ArbG ein **Beschlussverfahren** eingeleitet werden. Beteiligte des Verfahrens sind neben dem antragstellenden Betriebsratsmitglied der BR und ggf. auch der Arbeitgeber. Dabei ist auf eine hinreichend konkrete **Antragsformulierung** zu achten. Bei der Auslegung des Antrags muss eindeutig zu erkennen sein, was verlangt wird. Jedenfalls dann, wenn zwischen den Beteiligten streitig ist, über welche Datenbestände der BR verfügt, wäre der **pauschale Antrag,**

> *den Betriebsrat zu verpflichten, dem antragstellenden Betriebsratsmitglied auf elektronischem Wege eine jederzeitige, uneingeschränkte Einsichtnahme in sämtliche Datenbestände des Betriebsrats sowie in die Nachrichten nebst Anlagen, die der Betriebsrat mittels E-Mail empfängt und versendet, zu ermöglichen,*

nicht hinreichend bestimmt und damit **unzulässig**. Vielmehr müsste hier konkretisiert und klargestellt werden auf welche konkreten Daten bzw. Datenbestände sich die Einsichtnahme beziehen soll (BAG 27.7.2016 – 7 ABR 16/14).

Formulierungsmuster

***Antrag bei Gericht zur Durchsetzung des Rechts auf Einsichtnahme** (s. BAG 12.8.2009 – 7 ABR 15/08)*

Der Betriebsrat wird verpflichtet, dem antragstellenden Betriebsratsmitglied die Möglichkeit zu geben, jederzeit auf elektronischem Weg in die unter „......" und „......" elektronisch abgespeicherten Dokumente und Daten des Betriebsrats Einsicht nehmen zu können.

Kann das antragstellende Betriebsratsmitglied zu den konkreten Daten bzw. Datenbeständen mangels entsprechender Kenntnis keine Angaben machen, kommt die Erhebung einer **Stufenklage** in Betracht. Bei einer solchen Klage wird dann zunächst auf der 1. Stufe **Auskunft** darüber verlangt, über welche Datenbestände (auf welchem Gerät, Laufwerk, unter welchem Ordner mit welcher Bezeichnung etc) der BR verfügt. Auf der 2. Stufe kann dann der Anspruch auf **Einsichtnahme** in die mitgeteilten Datenbestände verfolgt werden.

Der Anspruch auf Einsichtnahme kann ggf. auch im Rahmen einer einstweiligen Verfügung durchgesetzt werden (LAG Hessen 9.9.2019 – 16 TaBV 67/19; LAG Thüringen 29.6.2021 – 1 TaBVGa 1/21).

Formulierungsmuster

Antrag bei Gericht zur Durchsetzung des Einsichtsrechts mittels einstweiliger Verfügung
(s. LAG Thüringen 29.6.2021 – 1 TaBVGa 1/21)

Der Betriebsrat wird bis zur rechtskräftigen Entscheidung in der Hauptsache im Verfahren ArbG ...... Aktenzeichen ...... verpflichtet, dem antragstellenden Betriebsratsmitglied die Möglichkeit zu geben, jederzeit auf elektronischem Weg in die unter „......" und „......" elektronisch abgespeicherten Dokumente und Daten des Betriebsrats Einsicht nehmen zu können.

42. Haben auch Ersatzmitglieder das Recht auf Einsicht in die Unterlagen des Betriebsrats?

Sobald ein ordentliches Mitglied endgültig aus dem BR ausscheidet und ein Ersatzmitglied nachrückt (vgl. § 25 Abs. 1 S. 1 BetrVG), kann das **nachrückende Ersatzmitglied** alle Rechte eines Betriebsratsmitglieds geltend machen. Dazu gehört auch das Recht auf Einsicht in die digitalen Unterlagen des BR.

Bei einem lediglich **vorübergehend verhinderten Betriebsratsmitglied** tritt das Ersatzmitglied dagegen nur für die Dauer der Verhinderung in den BR ein (§ 25 Abs. 1 S. 2 BetrVG). In diesen Fällen kann der Anspruch auf Einsichtnahme lediglich für die Zeiten begehrt werden, in denen das Ersatzmitglied dem BR angehört. Außerhalb dieser Zeiten besteht kein Einsichtsrecht (BAG 27.7.2016 – 7 ABR 16/14).

VI. Kommunikation mit dem Arbeitgeber

Die Kommunikation zwischen den Betriebsparteien ist Ausdruck, aber auch Bestandteil der vom Gesetz geforderten vertrauensvollen Zusammenarbeit. Nachfolgend wird darauf eingegangen, inwieweit hier digitale Kommunikationswege für den BR eröffnet sind und ob der BR sogar verpflichtet sein kann, solche einzurichten.

43. Kann die laufende Kommunikation zwischen Betriebsrat und Arbeitgeber digital erfolgen?

Das Betriebsverfassungsrecht enthält keine allgemeingültige Formvorschrift für die laufende Kommunikation zwischen BR und Arbeitgeber. Daher kann auch die **laufende Kommunikation** zwischen den Betriebsparteien grds. **formfrei** und damit **auch digital**, zB per E-Mail oder Videokonferenzen, erfolgen.

Allerdings sind die bei der Ausübung von **Beteiligungs- und Mitbestimmungsrechten** sowie beim Abschluss von **Betriebsvereinbarungen** bestehenden Formanforderungen zu beachten (→ *Frage 33: Welche Formvorschriften sind bei der Wahrnehmung von Beteiligungs-/Mitbestimmungsrechten zu beachten?*; → *Frage 34: Was gilt beim Abschluss von Betriebsvereinbarungen?*). Darüber hinaus ist zu berücksichtigen, dass die Verweigerung bzw. Forderung einer bestimmten Kommunikationsform gegenüber der anderen Betriebspartei im Einzelfall gegen den **Grundsatz der vertrauensvollen Zusammenarbeit** zwischen Arbeitgeber und BR verstoßen kann.

44. Besteht eine Pflicht des Betriebsrats, für die seine Arbeit und die seiner Ausschüsse betreffende E-Mail-Kommunikation, Funktionspostfächer einrichten zu lassen?

Alle Betriebsratsmitglieder haben das Recht, die Unterlagen des BR und seiner Ausschüsse jederzeit einzusehen (→ *Frage 35: Haben Betriebsratsmitglieder das Recht auf Einsichtnahme in alle digitalen Unterlagen des Betriebsrats und seiner Ausschüsse?*; Fitting BetrVG § 34 Rn. 33 ff.). Das **Recht auf Einsichtnahme** erstreckt sich auch auf die vom BR geführte E-Mail-Korrespondenz (→ *Frage 38: Muss den einzelnen Betriebsratsmitgliedern ein (lesender) Zugriff auf die eingerichteten Funktionspostfächer des Betriebsrats eingeräumt werden?*; Fitting BetrVG § 34 Rn. 36).

Allerdings darf den Betriebsratsmitgliedern aus Datenschutzgründen kein Zugriff auf **persönliche bzw. private E-Mail-Accounts** anderer Betriebsratsmitglieder (zB des Betriebsrats- bzw. Ausschussvorsitzenden) gewährt werden. Dies gilt selbst dann, wenn sich in deren persönlichen bzw. privaten E-Mail-Accounts Korrespondenz des BR befindet (→ *Frage 39: Besteht ein Zugriffsrecht der einzelnen Betriebsratsmitglieder auf persönliche bzw. private E-Mail-Accounts anderer Betriebsratsmitglieder?*). Um eine **unzulässige Beschränkung des** mit § 34 Abs. 3 BetrVG verbundenen **Einsichtsrechts** zu vermeiden, muss der BR daher sicherstellen, dass für die E-Mail-Korrespondenz des BR sowie seiner Ausschüsse Funktionspostfächer eingerichtet werden (LAG Sachsen 11.5.2021 – 3 TaBV 22/20).

Soweit der BR in seinen Angelegenheiten per E-Mail korrespondiert, ist der Arbeitgeber auf Verlangen des BR regelmäßig nach § 40 Abs. 2 BetrVG verpflichtet, **Funktionspostfächer** für E-Mail-Korrespondenz des BR zur Verfügung zu stellen (→ *Frage 19: Auf welche IT und Kommunikationstechnik kann sich der Anspruch des Betriebsrats erstrecken?*; → *Frage 22: Kann beansprucht werden, dass der Betriebsrat bzw. dessen Mitglieder auch außerhalb der Betriebsstätte auf die für die Betriebsratsarbeit eingerichteten E-Mail-Konten zugreifen können?*). Weder der BR noch ein sein Einsichtsrecht verfolgendes Betriebsratsmitglied müssen sich darauf verweisen lassen, dass eine Einsichtnahme nach § 34 Abs. 3 BetrVG auch möglich ist, indem

- die über einen persönlichen bzw. privaten E-Mail-Account geführte Korrespondenz des BR in **ausgedruckter Form** zur Einsichtnahme vorgelegt werden kann bzw.
- alle (anderen) Betriebsratsmitglieder bei ausgehenden Betriebsrats-E-Mails in „cc“ gesetzt und auf dem persönlichen bzw. privaten E-Mail-Account eingehende – an den BR gerichtete - E-Mails jeweils an alle (anderen) Betriebsratsmitglieder **weitergeleitet** werden (LAG Sachsen 11.5.2021 – 3 TaBV 22/20).

Formulierungsmuster

Aufforderung an Arbeitgeber zur Bereitstellung von E-Mail-Funktionspostfächern

Betriebsrat

An den Arbeitgeber

(Ort, Datum)

Betreff: Einrichtung von E-Mail-Funktionspostfächern

Sehr geehrte Damen und Herren,

der Betriebsrat hat in seiner Sitzung vom ...... beschlossen, von seinem Anspruch auf Einrichtung von E-Mail-Funktionspostfächern für die seine Arbeit und die seiner Ausschüsse betreffende E-Mail-Kommunikation Gebrauch zu machen. Die Funktionspostfächer benötigt der Betriebsrat zur ordnungsgemäßen Erfüllung seiner Aufgaben (§ 40 Abs. 2 BetrVG). Sie sind insbesondere zur Gewährleistung des jederzeitigen Rechts der einzelnen Betriebsratsmitglieder auf Einsichtnahme gem. § 34 Abs. 3 BetrVG erforderlich. Die bislang über den personenbezogenen, dienstlichen E-Mail-Account des Betriebsratsvorsitzenden geführte E-Mail-Korrespondenz des Betriebsrats genügt nicht den gesetzlichen Anforderungen (vgl. LAG Sachsen 11.5.2021 – 3 TaBV 22/20). Wir bitten darum, mit den E-Mail-Funktionspostfächern folgende E-Mail-Adressen einzurichten und diese kurzfristig, spätestens jedoch bis zum ...... zur Verfügung zu stellen:

- *Betriebsrat: betriebsrat@musterfirma.de,*
- *Betriebsausschuss: betriebsausschuss@musterfirma.de,*
- *Personalausschuss: personalausschuss@musterfirma.de,*
- *.......*

Mit freundlichen Grüßen

(Unterschrift Betriebsratsvorsitzende/r)

Verweigert der Arbeitgeber die begehrten Funktionspostfächer, kann vom BR – auch hier nach entsprechender Beschlussfassung – eine **gerichtliche Klärung** herbeigeführt werden.

Formulierungsmuster

***Antrag bei Gericht auf Einrichtung von E-Mail-Funktionspostfächern** (s. LAG Sachsen 11.5.2021 – 3 TaBV 22/20)*

Die Beteiligte zu 2 (Arbeitgeber) wird verpflichtet, für die die Arbeit des Beteiligten zu 1 (Betriebsrat) und die seiner Ausschüsse (darunter der Betriebsausschuss, der Personalausschuss, ...) betreffende E-Mail-Kommunikation, Funktionspostfächer – mit der Möglichkeit, dass der Beteiligte zu 1 bei Bedarf einzelnen Betriebsratsmitgliedern einen (lediglich) lesenden Zugriff auf die dort hinterlegte E-Mail-Kommunikation ermöglicht – einzurichten und diese dem Beteiligten zu 1 zur Verfügung zu stellen.

Soweit der BR untätig bleibt, kann auch das **einzelne Betriebsratsmitglied** aktiv werden und gegenüber dem BR die Einrichtung von E-Mail-Funktionspostfächern veranlassen.

Formulierungsmuster

Antrag gegenüber Betriebsrat auf Einrichtung von E-Mail-Funktionspostfächern

Liebe/Lieber ......,

ich wende mich als Mitglied unseres Gremiums an Dich als Betriebsratsvorsitzenden und bitte darum, gegenüber dem Arbeitgeber durchzusetzen, dass eine Einrichtung von E-Mail-Funktionspostfächern für die E-Mail-Kommunikation des Betriebsrats und seiner Ausschüsse erfolgt. Dies ist zur Gewährleistung des jederzeitigen Rechts der einzelnen Betriebsratsmitglieder auf Einsichtnahme gem. § 34 Abs. 3 BetrVG erforderlich. Die bislang über Deinen personenbezogenen, dienstlichen E-Mail-Account geführte E-Mail-Korrespondenz des Betriebsrats genügt nicht den gesetzlichen Anforderungen (vgl. LAG Sachsen 11.5.2021 – 3 TaBV 22/20).

Viele Grüße

(Betriebsratsmitglied)

Kommt dem der BR nicht nach, könnte auch das **einzelne Betriebsratsmitglied** ein Beschlussverfahren einleiten und damit selbst eine gerichtliche Klärung bzgl. der begehrten Funktionspostfächer herbeiführen.

Formulierungsmuster

Antrag einzelner Betriebsratsmitglieder bei Gericht auf Einrichtung von E-Mail-Funktionspostfächern (gerichtet gegen den Betriebsrat)

Der Beteiligte zu 3 (Betriebsrat) wird verpflichtet, für die seine Arbeit und die seiner Ausschüsse betreffende E-Mail-Kommunikation durch die Beteiligte zu 2 (Arbeitgeber), Funktionspostfächer einrichten zu lassen und dem Beteiligten zu 1 (antragstellendes Betriebsratsmitglied) hierauf einen lesenden Zugriff zu gewähren.

Soweit der BR durch arbeitsgerichtlichen Beschluss dazu verpflichtet wurde, Funktionspostfächer einzurichten, stellt sich die Frage, ob bzw. wie ein solcher Beschluss vollstreckt werden kann. An sich findet aus Beschlüssen der Arbeitsgerichte zwar die **Zwangsvollstreckung** statt (vgl. § 85 Abs. 1 ArbGG), allerdings scheidet die Anordnung von Zwangsgeld (vgl. § 888 ZPO) zur Erzwingung einer Handlung gegenüber dem BR als Vollstreckungsschuldner (hier: Veranlassung der Einrichtung von Funktionspostfächern) nach derzeit wohl überwiegend vertretener Ansicht aus (vgl. Corzelius NZA 2020, 1678). Die Möglichkeit der Androhung, Festsetzung oder Vollstreckung von Zwangsgeldern begegnet mit Blick auf die **Vermögenslosigkeit** des Betriebsrats durchgreifenden Bedenken (BAG 23.10.2019 – 7 ABR 7/18; Fitting BetrVG Anh. 3 Das arbeitsgerichtliche Beschlussverfahren Rn. 62). In Betracht käme allenfalls die Festsetzung eines Zwangsgeldes gegen die Mitglieder des BR persönlich. Allerdings erstreckt sich eine gegen den BR erwirkte arbeitsgerichtliche Entscheidung allein auf diesen und nicht auf die einzelnen Betriebsratsmitglieder. Eine **Durchgriffshaftung** auf die einzelnen Mitglieder scheidet daher nach zutreffender Ansicht grds. aus (vgl. Corzelius NZA 2020, 1678 (1679 f.)). Dafür müsste sich die arbeitsgerichtliche Entscheidung auch gegen die Mitglieder des BR richten. Insoweit ist aber zu sehen, dass sich das Einsichtsrecht (§ 34 Abs. 3 BetrVG) allein **gegen den BR** und nicht gegen dessen Mitglieder richtet (Fitting BetrVG § 34 Rn. 37).

Bei einem BR mit weniger als neun Mitgliedern ist allerdings zu bedenken, dass die Führung der **laufenden Geschäfte** zu den gesetzlichen Aufgaben des Vorsitzenden gehört (Fitting BetrVG § 26 Rn. 21); in größeren BR ist dafür der Betriebsausschuss zuständig (§ 27 Abs. 2 S. 1 BetrVG). Soweit man die Durchführung gerichtlicher Beschlüsse (s. Fitting BetrVG § 27 Rn. 67 zur Durchführung von Beschlüssen des BR) zu den laufenden Geschäften zählt, könnte erwogen werden, den **Vorsitzenden des BR** – bei einem BR ab einer Größe von neun Mitgliedern den Vorsitzenden des Betriebsausschusses dies ist idR ebenfalls der BR-Vorsitzende (Fitting BetrVG § 27 Rn. 55) –, in den gerichtlichen Antrag auf Gewährung der Einsichtnahme einzubeziehen. Ein entsprechender Antrag kann sich an nachstehender Formulierung orientieren.

Formulierungsmuster

Antrag einzelner Betriebsratsmitglieder bei Gericht auf Einrichtung von E-Mail-Funktionspostfächern (gerichtet gegen den Betriebsrat unter Einbezug des Vorsitzenden)

Der Beteiligte zu 3 (Betriebsrat) und dessen Vorsitzende(r), Frau/Herr ……, werden verpflichtet, für die Arbeit des Beteiligten zu 3 (Betriebsrat) und die seiner Ausschüsse betreffende E-Mail-Kommunikation durch die Beteiligte zu 2 (Arbeitgeber), Funktionspostfächer einrichten zu lassen und dem Beteiligten zu 1 (antragstellendes Betriebsratsmitglied) hierauf einen lesenden Zugriff zu gewähren.

Praxistipp

Der Betriebsratsvorsitzende sollte sich mit Blick auf eine im Raum stehende Unzulässigkeit der Zwangsvollstreckung nicht dazu verleiten lassen, trotz Verurteilung des BR untätig zu bleiben und – nicht zuletzt mit Blick auf § 23 Abs. 1 BetrVG – den arbeitsgerichtlichen Beschluss zu ignorieren. Aus Sicht des Betriebsratsvorsitzenden ist jedenfalls zu erwägen, einen Beschluss des Gremiums zur Umsetzung des arbeitsgerichtlichen Beschlusses herbeizuführen und dann gem. § 26 Abs. 2 S. 1 BetrVG entsprechend der Beschlusslage zu handeln. Sollte beschlossen werden, die arbeitsgerichtliche Verurteilung zu ignorieren, dann läge darin ein pflichtwidriges Verhalten des Betriebsrats, das zu dessen Auflösung nach § 23 Abs. 1 BetrVG führen kann (s. auch Fitting BetrVG § 34 Rn. 40).

VII. Kommunikation innerhalb des Betriebsratsgremiums

In der Praxis erfolgt auch die Kommunikation innerhalb des Betriebsratsgremiums häufig digital. Auch dies ist mit arbeitsrechtlichen Fragestellungen verbunden, die mit diesem Kapitel aufgegriffen werden.

45. Unterliegt der Einsatz digitaler Kommunikationsmittel für die interne Kommunikation gesetzlichen Schranken?

Der BR ist bei der Gestaltung der laufenden internen Kommunikation innerhalb des Betriebsratsgremiums weitgehend frei. Er kann hier auch **digitale Kommunikationsmittel** (zB E-Mail) einsetzen. Dies kann durch entsprechende Regelungen in der **Geschäftsordnung** festgehalten werden (→ *Frage 46: Bedarf es einer Regelung in der Geschäftsordnung, um innerhalb des Betriebsrats digital kommunizieren zu können?*). Aber auch hier ist zu beachten, dass damit **zwingende gesetzliche**

Vorgaben, zB die Anforderungen an eine Video- bzw. Telefonkonferenz (→ *Frage 64: Sind virtuelle Sitzungen des Betriebsrats überhaupt zulässig?*), nicht umgangen bzw. missachtet, sondern allenfalls ergänzt werden können.

Zwingend erforderlich ist eine Regelung in der Geschäftsordnung, wenn der BR eine Teilnahme an **Betriebsratssitzungen** mittels **Video- bzw. Telefonkonferenz** ermöglichen will (→ *Frage 65: Erfordert eine virtuelle Sitzung des Betriebsrats zwingend eine Regelung in der Geschäftsordnung?*; Fitting BetrVG § 36 Rn. 5, 6).

46. Bedarf es einer Regelung in der Geschäftsordnung, um innerhalb des Betriebsrats digital kommunizieren zu können?

Es bedarf grds. keiner Regelung in der Geschäftsordnung, um innerhalb des BR digital zB per E-Mail zu kommunizieren. Allerdings ist eine den Anforderungen nach § 30 Abs. 2 S. 1 Nr. 1 BetrVG entsprechende Regelung in der Geschäftsordnung erforderlich, wenn **Betriebsratssitzungen** (ganz oder teilweise) **mittels Video- bzw. Telefonkonferenz** erfolgen sollen (→ *Frage 65: Erfordert eine virtuelle Sitzung des Betriebsrats zwingend eine Regelung in der Geschäftsordnung?*). Dabei ist zu berücksichtigen, dass **Änderungen der Geschäftsordnung** eine qualifizierte Mehrheit erfordern, dh, die Mehrheit der gesetzlichen Mitglieder des BR muss für die Änderung stimmen (vgl. § 36 BetrVG; Fitting BetrVG § 36 Rn. 6).

Zu beachten bleibt, dass Regelungen zur digitalen Kommunikation des BR für sich genommen nicht automatisch einen Anspruch des BR auf eine entsprechende technische **Ausstattung mit Informations- und Kommunikationsmitteln** begründen. Im Streitfall ist auch hier regelmäßig zu prüfen, ob die begehrte Technik iSv § 40 Abs. 2 BetrVG erforderlich ist, um die Betriebsratsaufgaben zu erfüllen (→ *Frage 18: Muss der Betriebsrat die Erforderlichkeit der begehrten Technik näher darlegen?*; → *Frage 19: Auf welche IT und Kommunikationstechnik kann sich der Anspruch des Betriebsrats erstrecken?*). Soweit die rechtlichen Voraussetzungen für die Durchführung virtueller Betriebsratssitzungen vorliegen (→ *Frage 64: Sind virtuelle Sitzungen des Betriebsrats überhaupt zulässig?*), kann der BR vom Arbeitgeber regelmäßig nach § 40 Abs. 2 BetrVG verlangen, dass die zur Durchführung dieser Sitzungen **erforderliche Technik** bereitgestellt wird (→ *Frage 75: Hat der Arbeitgeber die für eine virtuelle Betriebsratssitzung erforderliche IT und Kommunikationstechnik zur Verfügung zu stellen?*).

VIII. Allgemeine (digitale) Kommunikation mit den Arbeitnehmern/ Öffentlichkeitsarbeit

Der BR ist zur Wahrnehmung und Erfüllung seiner gesetzlichen Rechte und Pflichten auch darauf angewiesen, dass er mit den von ihm vertretenen Arbeitnehmern kommunizieren kann. Die Möglichkeiten sind dabei nicht auf das „Schwarze Brett" beschränkt. Vielmehr eröffnet die Digitalisierung der Arbeitswelt neue Kommunikationsformen, u. a. die Möglichkeit, sich per E-Mail, über eine Homepage im Intranet oder per Internet bzw. soziale Netzwerke an die Belegschaft zu wenden und mit dieser zu kommunizieren. Dieses Kapitel geht auf diese Fragestellungen ein und gibt auch hier Antworten für die betriebliche Praxis.

47. Darf sich der Betriebsrat in betrieblichen Angelegenheiten per E-Mail an die Arbeitnehmer wenden?

Soweit dies zur Erfüllung der Betriebsratsaufgaben erforderlich ist, darf sich der BR in betrieblichen Angelegenheiten per E-Mail an die von ihm vertretenen Betriebsangehörigen wenden (zum Anspruch des BR auf eine eigene E-Mail-Adresse → *Frage 19: Auf welche IT und Kommunikationstechnik kann sich der Anspruch des Betriebsrats erstrecken?*). Daher kann im Einzelfall auch nach § 80 Abs. 2

BetrVG ein Anspruch auf **Mitteilung der dienstlichen E-Mails** aller vom BR vertretenen Arbeitnehmer bestehen, soweit die Kenntnis der dienstlichen E-Mail-Adressen zur Erfüllung von Betriebsratsaufgaben erforderlich ist. Die Erforderlichkeit kann sich zB daraus ergeben, dass über diese E-Mails **Einladungen zu einer Betriebsversammlung** erfolgen sollen oder dass die Betriebsangehörigen über einen **Newsletter** zum Stand von Betriebsvereinbarungsverhandlungen informiert werden. Allerdings erstreckt sich ein solcher Auskunftsanspruch regelmäßig nur auf die **betriebszugehörigen Arbeitnehmer,** und zwar auf solche, die nicht als leitende Angestellte (s. § 5 Abs. 3 BetrVG) einzustufen sind. Wird die Auskunft dringlich benötigt, kommt auch eine **einstweilige Verfügung** in Betracht (LAG Köln 12.10.2021 – 4 TaBVGa 10/21).

Formulierungsmuster

Antrag bei Gericht auf Mitteilung der dienstlichen E-Mail-Anschriften (einstweilige Verfügung) *s. LAG Köln 12.10.2021 – 4 TaBVGa 10/21*

Der/Dem Beteiligten zu 2 (Arbeitgeber) wird im Wege der einstweiligen Verfügung aufgegeben, dem Beteiligten zu 1 (Betriebsrat) die dienstlichen E-Mail-Anschriften aller Arbeitnehmer der Standorte X, Y und Z – mit Ausnahme der leitenden Angestellten – zur Verfügung zu stellen.

48. Wie kann der Betriebsrat auch in der modernen Arbeitswelt sicherstellen, dass der persönliche Kontakt zur Belegschaft erhalten bleibt?

Auch in der modernen Arbeitswelt besteht regelmäßig ein Bedürfnis sowohl vonseiten des BR als auch vonseiten der von ihm vertretenen Arbeitnehmer, den persönlichen Kontakt zu erhalten. Dazu dienen neben **Betriebsversammlungen** (→ *Frage 88: Können Betriebs(teil)versammlungen virtuell durchgeführt werden?*) vornehmlich die **Präsenzsprechstunden** des BR (→ *Frage 90: Darf der Betriebsrat virtuelle Sprechstunden durchführen?*), die nach § 39 Abs. 1 S. 1 BetrVG während der Arbeitszeit eingerichtet werden können. Unklar ist, ob dies auch dazu berechtigt, dass der BR die Initiative ergreift und den **Arbeitnehmer am Arbeitsplatz aufsucht,** soweit dies nicht in einer Art und Weise bzw. Häufigkeit erfolgt, dass damit ein Aufsuchen der Sprechstunden durch die Arbeitnehmer – weil überflüssig – unterlaufen wird (in diesem Sinne etwa Fitting BetrVG § 39 Rn. 31).

Die zuvor aufgeführte Sichtweise erstreckt sich auf die in der Betriebsstätte fest eingerichteten Arbeitsplätze. Ein Aufsuchen eines von einem Arbeitnehmer **in dessen Wohnung** eingerichteten Arbeitsplatzes (Homeoffice) ist davon im Regelfall nicht erfasst.

49. Hat der Betriebsrat einen Anspruch darauf, im Intranet präsent zu sein?

Der BR kann im Regelfall beanspruchen, dass der Betriebsrats-PC an das betriebliche Intranet angeschlossen wird, um das Intranet für die Betriebsratsarbeit zu nutzen (→ *Frage 19: Auf welche IT und Kommunikationstechnik kann sich der Anspruch des Betriebsrats erstrecken?*). Dies umfasst auch das Recht auf Einrichtung einer eigenen **Homepage des Betriebsrats im Intranet,** mit der die Belegschaft über die Betriebsratsarbeit informiert wird. Ein solches Recht auf ein *„digitales Schwarzes Brett"* im Intranet besteht jedenfalls dann, wenn im Betrieb die betriebsinterne Kommunikation per Intranet gängig ist bzw. ein großer Teil der Belegschaft mobil arbeitet (BAG 3.9.2003 – 7 ABR 12/03; Fitting BetrVG § 40 Rn. 133).

Bei einem betriebsübergreifenden Intranet obliegt es dem Arbeitgeber, durch technische Beschränkungen bzw. entsprechende Anweisungen sicherzustellen, dass der **Zugang zu der Homepage** des örtlichen BR nur für die von diesem repräsentierten Betriebsangehörigen eröffnet ist (BAG 1.12.2004 – 7 ABR 18/04; Fitting BetrVG § 40 Rn. 133).

Der BR hat allerdings keinen Anspruch auf einen **selbstverwalteten Zugang** zum betriebsinternen Intranet. Er ist insoweit darauf angewiesen, dass der Arbeitgeber die vom BR gewünschten Inhalte auf die Homepage stellt. Weigert sich dieser, dann kann der BR die Veröffentlichung gerichtlich durchsetzen (→ *Frage 50: Wer entscheidet über die Inhalte auf der Intranet-Homepage des Betriebsrats?*; LAG Hessen 5.11.2009 – 9 TaBV 241/08).

50. Wer entscheidet über die Inhalte auf der Intranet-Homepage des Betriebsrats?

Soweit dem BR eine Homepage im Intranet zur Verfügung gestellt wird, gelten für deren Inhalt die gleichen Maßstäbe wie beim herkömmlichen *„Schwarzen Brett“* (BAG 3.9.2003 – 7 ABR 12/03, Fitting BetrVG § 40 Rn. 133).

Daher entscheidet der BR in eigener Verantwortung darüber, was auf seiner Homepage veröffentlicht wird. Ein **Genehmigungserfordernis** des Arbeitgebers besteht ebenso wenig wie ein arbeitgeberseitiges Recht auf **Vorzensur.** Allerdings darf der BR nur Veröffentlichungen vornehmen, die sich im Rahmen seiner Aufgaben und seiner Zuständigkeit bewegen, zB

- Berichte über **Betriebsversammlungen,**
- Informationen über **abgeschlossene Betriebsvereinbarungen** oder **aktuelle** betriebsverfassungsrechtliche **Fragestellungen.**

Vorgänge, die mit dem Betrieb rein gar nichts zu tun haben, dürfen nicht auf die Homepage des BR gestellt werden. Unzulässig wäre darüber hinaus u. a. auch die Veröffentlichung folgender Inhalte:

- **Streikaufrufe,**
- **Betriebs- und Geschäftsgeheimnisse,**
- strafbare Äußerungen (zB **Beleidigungen**) bzw. Äußerungen, die gegen das Gebot der vertrauensvollen Zusammenarbeit verstoßen, zB Aufrufe zu Handlungen, die den **Betriebsfrieden** stören (Fitting BetrVG § 40 Rn. 116 f., 133).

Weigert sich der Arbeitgeber, die vom BR gewünschten Inhalte auf dessen Homepage zu stellen, dann stellt dies regelmäßig eine unzulässige **Behinderung der Betriebsratstätigkeit** (§ 78 S. 1 BetrVG) dar (BAG 3.9.2003 – 7 ABR 12/03; LAG Hessen 5.11.2009 – 9 TaBV 241/08).

Der BR kann bei bestehender Dringlichkeit ggf. auch mittels einstweiliger Verfügung **gerichtlich** dagegen vorgehen und dem Arbeitgeber aufgeben lassen, die Veröffentlichungen des BR auf dessen Homepage in das Intranet zu stellen.

Formulierungsmuster

***Antrag bei Gericht auf Veröffentlichung im Intranet** s. BAG 3.9.2003 – 7 ABR 12/03; LAG Hessen 5.11.2009 – 9 TaBV 241/08*

Der Beteiligte zu 1 (Betriebsrat) beantragt, die/den Beteiligte/n zu 2 (Arbeitgeber) zu verpflichten, dem Beteiligten zu 1 zu gestatten, Informationen und Beiträge im Rahmen seiner Aufgaben nach dem Betriebsverfassungsgesetz auch ohne vorherige Zustimmung der/des Beteiligten zu 2 in das betriebliche Intranet (Betriebsratsseite) zu stellen.

Eine **unzulässige Behinderung** der Tätigkeit des BR (§ 78 S. 1 BetrVG) steht aber auch dann im Raum, wenn der Arbeitgeber eigenmächtig auf der Homepage des BR bereits veröffentlichte **Informationen entfernt, ändert** bzw. **ergänzt.** Auch darin liegt eine unzulässige Erschwerung der Information der Belegschaft und damit der Betriebsratstätigkeit. Es obliegt, wie ausgeführt, allein dem BR, darüber zu entscheiden, welche Informationen er für zweckmäßig hält. Wird dies vom Arbeitgeber ignoriert, dann kann der BR auch dagegen **gerichtlich** vorgehen (BAG 3.9.2003 – 7 ABR 12/03).

Formulierungsmuster

Antrag bei Gericht auf Unterlassung der eigenmächtigen Entfernung von BR-Informationen

Der Beteiligte zu 1 (Betriebsrat) beantragt, der/dem Beteiligten zu 2 (Arbeitgeber) aufzugeben, es zu unterlassen, vom Beteiligten zu 1 im Rahmen seiner Aufgaben nach dem Betriebsverfassungsgesetz in das Intranet (Betriebsratsseite) gestellte Informationen oder Beiträge eigenmächtig zu entfernen.

Hält der Arbeitgeber eine vom BR gewünschte bzw. eine bereits erfolgte Veröffentlichung auf der Intranetseite des BR für unzulässig, dann darf er grds. **nicht eigenmächtig** handeln, soweit nicht die Voraussetzungen der **Notwehr** oder **Nothilfe** vorliegen (zB bei offensichtlich rechtswidrigen bzw. strafbaren Inhalten). Scheitert eine einvernehmliche Regelung mit dem BR, bleibt es dem Arbeitgeber unbenommen, gegen die Veröffentlichung des BR gerichtlich, ggf. mit **einer einstweiligen Verfügung,** vorzugehen (BAG 3.9.2003 – 7 ABR 12/03; Fitting BetrVG § 40 Rn. 117).

Formulierungsmuster

Antrag bei Gericht auf Entfernung von BR-Informationen

Der/Die Beteiligte zu 1 (Arbeitgeber) beantragt, dem Beteiligten zu 2 (Betriebsrat) aufzugeben, folgende/n in das Intranet (Betriebsratsseite) gestellte/n Information/Beitrag unverzüglich zu entfernen: ....

51. Besteht ein Anspruch des Betriebsrats auf einen selbstverwalteten Zugang zum Intranet?

Der BR hat keinen Anspruch auf einen **selbstverwalteten Intranet-Zugang** (→ *Frage 49: Hat der Betriebsrat einen Anspruch darauf, im Intranet präsent zu sein?*). Allerdings kann er regelmäßig vom Arbeitgeber verlangen, dass dieser die vom BR gewünschten Inhalte auf die Intranet-Homepage des BR stellt (→ *Frage 50: Wer entscheidet über die Inhalte auf der Intranet-Homepage des Betriebsrats?*).

52. Welche Inhalte dürfen (nicht) auf die Intranet-Homepage gestellt werden?

Der BR darf nur Veröffentlichungen vornehmen, die sich **im Rahmen seiner Aufgaben** und seiner Zuständigkeit bewegen. Vorgänge, die mit dem Betrieb rein gar nichts zu tun haben, dürfen daher nicht auf die Homepage des BR gestellt werden. Auch die Veröffentlichung von **Streikaufrufen** oder von **Betriebs- und Geschäftsgeheimnissen** wäre unzulässig (→ *Frage 50: Wer entscheidet über die Inhalte auf der Intranet-Homepage des Betriebsrats?*).

53. Wer trägt die Kosten für die Einrichtung und Aktualisierung der Intranet-Homepage?

Soweit der BR eine Homepage im Intranet beanspruchen kann (→ *Frage 49: Hat der Betriebsrat einen Anspruch darauf, im Intranet präsent zu sein?*), hat der Arbeitgeber regelmäßig auch die mit der **Einrichtung** und **laufenden Aktualisierung** der Intranet-Homepage verbundenen Kosten zu übernehmen (s. § 40 Abs. 2 BetrVG).

Werden **Dritte** vom BR mit der Aktualisierung der Intranet-Homepage **beauftragt,** stellt sich allerdings die Frage der Erforderlichkeit der damit verbundenen Kosten. Denn der Arbeitgeber muss nur die Kosten übernehmen, die für die Durchführung der Betriebsratstätigkeit erforderlich sind. Dafür ist entscheidend, dass die Kosten im Zeitpunkt ihrer Verursachung bei gewissenhafter Abwägung aller Umstände für erforderlich gehalten werden durften, damit der BR seine Aufgaben sachgerecht erfüllen kann (Fitting BetrVG § 40 Rn. 9). Kann die Aktualisierung der Homepage auch – nach entsprechendem Anlernen – von den Mitgliedern des BR **selbst** vorgenommen werden, sind die mit der Beauftragung eines Dritten verbundenen Aktualisierungskosten regelmäßig nicht erforderlich.

54. Was ist zu beachten, wenn das Intranet nicht nur den betriebszugehörigen Arbeitnehmern, sondern betriebsübergreifend zugänglich ist?

Hier hat der Arbeitgeber durch technische **Beschränkungen** bzw. entsprechende **Anweisungen** sicherzustellen, dass der Zugang zu der Homepage des örtlichen BR nur für die von diesem repräsentierten Betriebsangehörigen eröffnet ist (→ *Frage 49: Hat der Betriebsrat einen Anspruch darauf, im Intranet präsent zu sein?*).

55. Inwieweit darf der Arbeitgeber die Kommunikation zwischen Betriebsrat und Arbeitnehmern überwachen?

Der Arbeitgeber darf die zwischen BR und den Arbeitnehmern im Rahmen der Betriebsratstätigkeit geführte Kommunikation grds. **nicht** überwachen (→ *Frage 23: Darf der Arbeitgeber E-Mail-Konten des Betriebsrats kontrollieren?*).

56. Kann der Betriebsrat eine eigene Homepage im Internet beanspruchen?

Der BR kann im Regelfall nicht die Einrichtung einer **Homepage im Internet** beanspruchen. Weder aus § 80 Abs. 1 BetrVG noch aus dem Grundsatz der vertrauensvollen Zusammenarbeit (§ 2 Abs. 1 BetrVG) folgt eine Befugnis des BR und seiner einzelnen Mitglieder, von sich aus die **außerbetriebliche Öffentlichkeit** über Angelegenheiten des Betriebs, insbesondere über Betriebsinterna, zu informieren. Der Arbeitgeber kann gegen derartige Veröffentlichungen vorgehen und diese grds. auch gerichtlich untersagen lassen (LAG Hessen 15.7.2004 – 9 TaBV 190/03; LAG Mecklenburg-Vorpommern 11.7.2017 – 5 TaBV 13/16).

Ein **Recht** des BR **zur öffentlichen Äußerung** kann aber im Ausnahmefall bestehen. Dies ist etwa dann denkbar, wenn sich der Arbeitgeber selbst in der jeweiligen Angelegenheit (zB eine geplante Umstrukturierung) selbst in einer Weise an die Öffentlichkeit wendet, die eine öffentliche Antwort des BR geradezu erforderlich macht (Günther/Lenz NZA 2019, 1241 (1243)).

Praxistipp

Die eigenmächtige Einrichtung einer Homepage im Internet sollte der BR nicht vornehmen. Andernfalls besteht das Risiko, dass er vom Arbeitgeber auf Unterlassung in Anspruch genommen wird.

Formulierungsmuster

Antrag bei Gericht auf Unterlassung von Veröffentlichungen/Äußerungen im Internet
s. LAG Hessen 15.7.2004 – 9 TaBV 190/03

Dem Beteiligten zu 2 (Betriebsrat) wird aufgegeben, die auf der unter der Adresse „http://www.a.de" betriebenen Homepage eingestellten Publikationen „Nachrichten vom M., Meldungen und Meinungen von Kollegen für Kollegen der D. AG Werk K", Oktober 2002, Telegramm 18. November 2002, November 2002, Januar 2003, Februar 2003 und April 2003 zu entfernen bzw. für die Entfernung unverzüglich Sorge zu tragen und weder dort noch auf einer anderen Homepage als Wortdokumente oder andere Dokumentformate der Öffentlichkeit zugänglich zu machen.

Dem Beteiligten zu 2 (Betriebsrat) wird aufgeben, es zukünftig zu unterlassen, unter der Adresse „http://www.a.de" oder auf einer anderen Homepage die Publikationen „Nachrichten vom M., Meldungen und Meinungen von Kollegen für Kollegen der D. AG Werk K." Dritten zum Zwecke der Einstellung als Datei zur Verfügung zu stellen oder sonst die Publikation Dritten zum Zwecke der Einstellung in das Internet zur Verfügung zu stellen.

57. Besteht ein Anspruch auf einen öffentlichen Auftritt in sozialen Netzwerken?

Eine Befugnis des BR und seiner einzelnen Mitglieder, von sich aus die außerbetriebliche Öffentlichkeit über innerbetriebliche Vorgänge zu informieren, besteht grds. nicht (→ *Frage 56: Kann der Betriebsrat eine eigene Homepage im Internet beanspruchen?*). Daher kann grds. auch kein öffentlicher Auftritt des BR in **sozialen Netzwerken** beansprucht werden. Soweit allerdings im Betrieb von Arbeitgeberseite soziale Netzwerke **zum Zwecke der internen Kommunikation** genutzt werden, wird vertreten, dass hier die Nutzung und Einrichtung derselben auch für die Arbeit des BR erforderlich sei. Nach dieser Sichtweise kann in diesen Fällen auch ein Anspruch auf Nutzung dieser Netzwerke – aber nur zum Zwecke der internen Kommunikation – bestehen (Fitting BetrVG § 40 Rn. 133a; dagegen wird eine Orientierung am Ausstattungsniveau des Arbeitgebers u. a. abgelehnt von Göpfert/Dachner NZA 2022, 1503 (1504) unter Heranziehung von BAG 3.9.2003 – 7 ABR 12/03).

Darüber hinaus wird vertreten, dass eine **öffentliche Stellungnahme** mittels Nutzung sozialer Netzwerke auch als zulässige **Meinungsäußerung** des BR nach Art. 5 Abs. 1 GG im Einzelfall zulässig sein kann (idS etwa LAG Niedersachsen 6.12.2018 – 5 TaBV 107/17).

IX. Geschäftsordnung des Betriebsrats

Das Gesetz räumt dem BR das Recht ein, eine Geschäftsordnung zu erlassen. Im Rahmen der digitalen Betriebsratsarbeit können sich auch in diesem Zusammenhang verschiedene Fragen stellen. Insbesondere kann zu klären sein, ob die Möglichkeiten der digitalen Kommunikation in der Geschäftsordnung geregelt werden sollten oder es gar zwingend einer Regelung bedarf, um diese überhaupt erst zu ermöglichen oder aber auszuschließen. Antworten darauf finden sich in den nachfolgenden Ausführungen.

58. Darf der Betriebsrat nur dann digital kommunizieren, wenn eine Geschäftsordnung besteht und dort die digitale Kommunikation geregelt wurde?

Nein, der BR ist bei der Gestaltung der internen Kommunikation innerhalb des Betriebsratsgremiums weitgehend frei. Die Geschäftsordnung kann zwar Regelungen zur digitalen Kommunikation vorsehen, entsprechende Regelungen sind allerdings **keine generelle Zulässigkeitsvoraussetzung** (→ *Frage 45: Unterliegt der Einsatz digitaler Kommunikationsmittel für die interne Kommunikation gesetzlichen Schranken?*).

Zwingend erforderlich ist eine Regelung in der Geschäftsordnung aber dann, wenn der BR **digitale Betriebsratssitzungen** bzw. die **digitale Teilnahme** an einer Betriebsratssitzung ermöglichen will (→ *Frage 46: Bedarf es einer Regelung in der Geschäftsordnung, um innerhalb des Betriebsrats digital kommunizieren zu können?*; → *Frage 65: Erfordert eine virtuelle Sitzung des Betriebsrats zwingend eine Regelung in der Geschäftsordnung?*). → *Muster 1: Geschäftsordnungsregelung zur vollständig virtuellen Betriebsratssitzung sowie zur virtuellen Sitzungsteilnahme einzelner Mitglieder*

59. Kann eine Geschäftsordnung die Durchführung von Video- bzw. Telefonkonferenzen des Betriebsrats generell untersagen?

In einer Geschäftsordnung kann grds. jede Frage geregelt werden, die mit der Geschäftsführung des BR zusammenhängt (vgl. § 36 BetrVG), soweit nicht von zwingend geltenden Vorschriften abgewichen wird. Zur Geschäftsführung gehört alles, was sich auf die Durchführung der vom BR wahrzunehmenden (gesetzlichen) Aufgaben bezieht. Daher kann die Geschäftsordnung – wie auch § 30 Abs. 2 S. 1 Nr. 1 BetrVG zeigt – **Regelungen zur Durchführung von Video- bzw. Telefonkonferenzen** des BR enthalten (vgl. Fitting BetrVG § 36 Rn. 5).

Soweit und solange die Durchführung von Video- bzw. Telefonkonferenzen zur Erfüllung der gesetzlichen Betriebsratsaufgaben nicht zwingend erforderlich ist, kann eine Geschäftsordnung Konferenzen per Video und/oder per Telefon **ausschließen** oder **nur eingeschränkt zulassen.**

Praxistipp

Bevor ein genereller Ausschluss von Video- bzw. Telefonkonferenzen in der Geschäftsordnung verankert wird, ist in den Blick zu nehmen, dass ein solcher dann auch einzuhalten wäre (→ Frage 63: Sind die Vorgaben in der Geschäftsordnung bindend oder darf der Betriebsrat davon abweichen?). Eine Änderung der Geschäftsordnung erfordert nach § 36 BetrVG die Mehrheit der Stimmen aller Betriebsratsmitglieder. Daher sollte die Geschäftsordnung zumindest für Ausnahmefälle die Möglichkeit virtueller Besprechungen (ohne die Möglichkeit virtueller Beschlussfassungen) zulassen.

60. Dürfen Video- bzw. Telefonkonferenzen nur dann durchgeführt werden, wenn dies in einer bestehenden Geschäftsordnung ausdrücklich vorgesehen ist?

Der BR kann grds. auch ohne entsprechende Regelung in der Geschäftsordnung mittels Video-

bzw. Telefonkonferenz innerhalb des Gremiums, aber auch außerhalb zB mit dem Arbeitgeber (→ *Frage 43: Kann die laufende Kommunikation zwischen Betriebsrat und Arbeitgeber digital erfolgen?*) oder mit Arbeitnehmern kommunizieren.

Eine Regelung in der Geschäftsordnung ist dafür nur dann **zwingend** erforderlich, wenn die Teilnahme an einer **Betriebsratssitzung** (ganz oder teilweise) **mittels Video- bzw. Telefonkonferenz** erfolgen soll (→ *Frage 46: Bedarf es einer Regelung in der Geschäftsordnung, um innerhalb des Betriebsrats digital kommunizieren zu können?*; → *Frage 65: Erfordert eine virtuelle Sitzung des Betriebsrats zwingend eine Regelung in der Geschäftsordnung?*).

→ *Muster 1: Geschäftsordnungsregelung zur vollständig virtuellen Betriebsratssitzung sowie zur virtuellen Sitzungsteilnahme einzelner Mitglieder*

Praxistipp

Sollen Video- bzw. Telefonkonferenzen nicht generell ausgeschlossen werden (→ Frage 59: Kann eine Geschäftsordnung die Durchführung von Video- bzw. Telefonkonferenzen des Betriebsrats generell untersagen?), ist schon zur Sicherstellung eines hinreichenden Datenschutzes zu erwägen, die für die Einberufung bzw. Durchführung derartiger Kommunikationen auch außerhalb von Betriebsratssitzungen geltenden Rahmenbedingungen in einer Geschäftsordnung zu verankern.

61. Welche Regelungen muss die Geschäftsordnung mindestens enthalten, damit eine virtuelle Betriebsratssitzung durchgeführt werden kann?

Die **virtuelle Teilnahme** an einer Betriebsratssitzung bzw. die **vollständig virtuelle Durchführung** einer Betriebsratssitzung ist nur dann zulässig, wenn die **Geschäftsordnung** des Betriebsrats zumindest folgende Regelungen enthält (→ *Frage 64: Sind virtuelle Sitzungen des Betriebsrats überhaupt zulässig?*; → *Muster 1: Geschäftsordnungsregelung zur vollständig virtuellen Betriebsratssitzung sowie zur virtuellen Sitzungsteilnahme einzelner Mitglieder*):

- **Voraussetzungen,** unter denen einzelne Betriebsratsmitglieder virtuell an einer Betriebsratssitzung teilnehmen können und/oder eine Betriebsratssitzung vollkommen virtuell stattfinden kann,
- Sicherung des **Vorrangs der Präsenzsitzung**.

62. Darf die Geschäftsordnung von den gesetzlichen Mindestvoraussetzungen für die Zulässigkeit virtueller Betriebsratssitzung abweichen?

Für die virtuelle Teilnahme an einer Betriebsratssitzung bzw. die vollständig virtuelle Durchführung einer Betriebsratssitzung müssen folgende gesetzliche **Mindestanforderungen** vorliegen:

- Regelung virtueller Sitzung/Sitzungsteilnahme in der **Geschäftsordnung** (→ *Frage 61: Welche Regelungen muss die Geschäftsordnung mindestens enthalten, damit eine virtuelle Betriebsratssitzung durchgeführt werden kann?*),
- **Fehlen eines Widerspruchs** von (mindestens) ¼ der Betriebsratsmitglieder (→ *Frage 68: Wann liegt ein ausreichender Widerspruch gegen eine virtuelle BR-Sitzung vor?*),
- Sicherstellung der **Nichtöffentlichkeit** (→ *Frage 70: Muss sichergestellt werden, dass Unbefugte vom Inhalt der virtuellen Betriebsratssitzung keine Kenntnis nehmen können?*).

Es wird vertreten, dass der BR von diesen gesetzlichen Vorgaben zur Zulässigkeit virtueller Betriebsratssitzungen auch durch Geschäftsordnung grds. nicht abweichen darf (→ *Frage 66: Welche (weiteren) rechtlichen Voraussetzungen müssen erfüllt sein, damit eine virtuelle Betriebsratssitzung durchgeführt werden darf?*).

63. Sind die Vorgaben in der Geschäftsordnung bindend oder darf der Betriebsrat davon abweichen?

Die Vorgaben in der Geschäftsordnung gelten zumindest für die Dauer der **Amtszeit des BR.** Sie sind von allen Betriebsratsmitgliedern einzuhalten.

Der BR als solcher kann aber jederzeit von der Geschäftsordnung **durch Beschluss abweichen.** Dieser bedarf allerdings, wie auch die (dauerhafte) Änderung der Geschäftsordnung selbst der **absoluten Mehrheit** im BR (§ 36 BetrVG; Fitting BetrVG § 36 Rn. 12, 13).

X. Virtuelle Sitzungen des Betriebsrats und (virtuelle) Beschlussfassung

Der Gesetzgeber hat den BR ermächtigt, durch eine entsprechende Regelung in der Geschäftsordnung die Voraussetzungen zur Durchführung virtueller Sitzungen zu schaffen. Dabei können sowohl vollständig virtuelle Sitzungen, aber auch hybride Sitzungsformen, also Sitzungen, die zwar in Präsenz stattfinden, bei denen aber einzelne Mitglieder zugeschaltet werden, vorgesehen werden. Hier kommt dann auch eine virtuelle Beschlussfassung in Betracht. In diesem Kapitel werden die Fragen behandelt, die sich in diesem Zusammenhang stellen können. Insbesondere werden die Voraussetzungen virtueller Sitzungen und die bei der Durchführung dieser Sitzungen zu beachtenden Besonderheiten behandelt.

64. Sind virtuelle Sitzungen des Betriebsrats überhaupt zulässig?

Abweichend von dem in § 30 Abs. 1 S. 5 BetrVG verankerten **Grundsatz,** wonach die Sitzung des BR als **Präsenzsitzung** stattfindet, erlaubt § 30 Abs. 2 BetrVG unter bestimmten Voraussetzungen auch Sitzungen mittels Video- und Telefonkonferenz einschließlich onlinegestützter Anwendungen. Dabei besteht einerseits die Möglichkeit einer teilweise virtuellen Sitzung, dh einer Sitzung, bei der einzelne teilnahmeberechtigte Personen zugeschaltet werden und die übrigen Teilnehmer in Präsenz anwesend sind **(hybride Sitzungsform).** Alternativ kann die Sitzung ausschließlich/**vollständig als virtuelle Sitzung** mit den teilnahmeberechtigten Personen durchgeführt werden (BT-Drs. 19/28899, 19).

Die virtuelle Teilnahme an einer Betriebsratssitzung bzw. die vollständig virtuelle Durchführung einer Betriebsratssitzung ist nach § 30 Abs. 2 S. 1 Nr. 1 BetrVG aber nur dann zulässig, *„wenn die Voraussetzungen für eine solche in der* ***Geschäftsordnung*** *…… festgelegt sind*“. Dabei darf sich die Regelung nicht darin erschöpfen, die Entscheidung über das „**Ob**“ bzw. „**Wie**“ (teil)virtueller Betriebsratssitzungen dem Betriebsratsvorsitzenden zu übertragen oder in das Belieben einzelner Betriebsratsmitglieder zu stellen. Um die jeweilige Option nutzen zu können, müssen gem. § 30 Abs. 2 S. 1 Nr. 1 BetrVG in der Geschäftsordnung selbst die **Voraussetzungen** geregelt und festgelegt werden,

- unter denen einzelne Betriebsratsmitglieder virtuell an einer Betriebsratssitzung teilnehmen können (hybride Sitzungsform)

und/oder

- unter denen eine Betriebsratssitzung vollkommen virtuell stattfinden kann.

Darüber hinaus muss die Regelung in der Geschäftsordnung zwingend

- den **Vorrang der Präsenzsitzung** (→ *Frage 82: Wie wird die Sitzungsniederschrift nebst Anwesenheitsliste bei einer virtuellen Betriebsratssitzung erstellt?*) sichern (Fitting BetrVG § 30 Rn. 25).

→ *Muster 1: Geschäftsordnungsregelung zur vollständig virtuellen Betriebsratssitzung sowie zur virtuellen Sitzungsteilnahme einzelner Mitglieder*

65. Erfordert eine virtuelle Sitzung des Betriebsrats zwingend eine Regelung in der Geschäftsordnung?

Ja, ohne entsprechende Regelung in der **Geschäftsordnung** darf eine Betriebsratssitzung weder vollständig noch teilweise (durch virtuelle Teilnahme einzelner Betriebsratsmitglieder) virtuell durchgeführt werden (→ *Frage 64: Sind virtu-*

elle Sitzungen des Betriebsrats überhaupt zulässig?).

→ *Muster 1: Geschäftsordnungsregelung zur vollständig virtuellen Betriebsratssitzung sowie zur virtuellen Sitzungsteilnahme einzelner Mitglieder*

66. Welche (weiteren) rechtlichen Voraussetzungen müssen erfüllt sein, damit eine virtuelle Betriebsratssitzung durchgeführt werden darf?

Nach § 30 Abs. 2 S. 1 BetrVG erfordert die virtuelle Teilnahme an einer Betriebsratssitzung bzw. die vollständig virtuelle Durchführung einer Betriebsratssitzung Folgendes:

- eine entsprechende **Regelung** in der Geschäftsordnung (→ *Frage 61: Welche Regelungen muss die Geschäftsordnung mindestens enthalten, damit eine virtuelle Betriebsratssitzung durchgeführt werden kann?*),
- das **Fehlen eines Widerspruchs** von (mindestens) ¼ der Betriebsratsmitglieder (→ *Frage 68: Wann liegt ein ausreichender Widerspruch gegen eine virtuelle BR-Sitzung vor?*),
- Sicherstellung der **Nichtöffentlichkeit** (→ *Frage 70: Muss sichergestellt werden, dass Unbefugte vom Inhalt der virtuellen Betriebsratssitzung keine Kenntnis nehmen können?*).

Es wird vertreten, dass der BR über diese Vorgaben zur Zulässigkeit der virtuellen Teilnahme an einer Betriebsratssitzung bzw. der vollständig virtuellen Durchführung einer Betriebsratssitzung grds. nicht **disponieren** darf. Daher werden etwa folgende das **Widerspruchsrecht** nach § 30 Abs. 2 S. 1 Nr. 2 BetrVG **einschränkende Regelungen** in der Geschäftsordnung als **unzulässig** eingestuft (Fitting BetrVG § 30 Rn. 27):

- Regelung, wonach die Setzung einer Widerspruchsfrist durch den Vorsitzenden in bestimmten Regelfällen entbehrlich ist,
- Vorgaben zur Frist (zB Regelung einer Frist von drei Tagen ab Zugang der Ladung) bzw. Form des Widerspruchs (zB Schriftform) oder gar zum Erfordernis einer Widerspruchsbegründung,
- Herauf- oder Herabsetzung der für einen beachtlichen Widerspruch erforderlichen Widerspruchsquote (25%).

Kein Verstoß gegen § 30 Abs. 2 BetrVG und damit **zulässig** sind dagegen Regelungen zu der Frage, ob neben einer vollständig virtuellen Sitzung

- auch eine hybride Betriebsratssitzung möglich sein soll,
- welche Mitglieder im Falle einer Beschränkung der Teilnehmerzahl vor „Ort" in Präsenz und welche nur virtuell an der hybriden Sitzung teilnehmen dürfen oder
- unter welchen Voraussetzung ein Betriebsratsmitglied, das an einer Teilnahme in Präsenz verhindert ist, zur Sitzung zugeschaltet werden darf; zB kann die virtuelle Teilnahme daran geknüpft werden, dass es dem Mitglied aufgrund einer Dienstreise, seiner Außendiensttätigkeit oder seiner Homeoffice-Tätigkeit unzumutbar ist, zur Sitzung vor Ort zu sein (Boemke/Roloff/Haase NZA 2021, 827 (830)).

67. Was hat der Betriebsratsvorsitzende bei der Einladung zu einer virtuellen Betriebsratssitzung zu beachten?

Lässt die Geschäftsordnung eine virtuelle Betriebsratssitzung zu, hat der Vorsitzende **in der Einladung** anzugeben, ob die Sitzung als (reine) Präsenzsitzung stattfinden soll oder als (teil)virtuelle Betriebsratssitzung, dh

- entweder vollständig als Video- oder Telefonkonferenz oder
- als Präsenzsitzung mit der Möglichkeit zur virtuellen Teilnahme/Zuschaltung einzelner Betriebsratsmitglieder (BT-Drs. 18/28899, 19; Fitting BetrVG § 30 Rn. 31).

Der Hinweis auf eine geplante virtuelle Sitzung bzw. die Möglichkeit der virtuellen Teilnahme einzelner Mitglieder ist **erforderlicher Bestandteil** einer ordnungsgemäßen Ladung und zugleich Voraussetzung für eine **wirksame Beschlussfassung** in dieser Sitzung (Fitting BetrVG § 30 Rn. 31).

Darüber hinaus hat der Betriebsratsvorsitzende dafür Sorge zu tragen, dass den teilnahmeberechtigten (Ersatz-)Mitgliedern des Betriebsrats sowie den sonstigen teilnahmeberechtigten Personen (-> Frage *80: Wer darf an einer virtuellen Betriebsratssitzung teilnehmen?*) auch mit der Ladung Folgendes mitgeteilt wird:

- **Sitzungstermin** (Datum, Uhrzeit),
- bei hybrider Sitzung auch der **Sitzungsort** für eine Sitzungsteilnahme in Präsenz,
- die maßgeblichen **Zugangsdaten** für eine virtuelle Sitzungsteilnahme (wobei diese auch im Nachgang zur Einladung zB mittels Zusendung eines entsprechenden Links zur virtuellen Teilnahme an der Sitzung zugesandt werden können, soweit dies rechtzeitig vor dem Sitzungsbeginn erfolgt).

Soweit eine virtuelle Betriebsratssitzung erfolgen soll, bietet sich an, die einzuladenden Betriebsratsmitglieder bzw. die zu ladenden Ersatzmitglieder mit der Einladung auf ihr Recht hinzuweisen, einer virtuellen Teilnahme oder einer virtuellen Sitzung insgesamt zu widersprechen. Zugleich sollte eine angemessene Frist für den **Widerspruch** gesetzt werden. Dabei kann bei kurzfristig erforderlichen (u. a. außerordentlichen) Sitzungen eine kürzere Frist angemessen sein als bei langfristig geplanten. Erfolgt keine **Fristsetzung,** dann kann ein Widerspruch noch bis zum Beginn der Sitzung zulässig sein (→ *Frage 68: Wann liegt ein ausreichender Widerspruch gegen eine virtuelle BR-Sitzung vor?*).

→ *Muster 2: Einladung zu einer (rein) virtuellen Betriebsratssitzung*;

→ *Muster 3: Einladung zu einer Präsenzsitzung mit virtueller Teilnahmemöglichkeit*

68. Wann liegt ein ausreichender Widerspruch gegen eine virtuelle BR-Sitzung vor?

Der Widerspruch ist grds. **fristgebunden** (vgl. § 30 Abs. 2 S. 1 Nr. 2 BetrVG: „*binnen einer von dem Vorsitzenden zu bestimmenden Frist*“), dh, er muss innerhalb der vom Vorsitzenden bestimmten Frist eingehen. Zweckmäßigerweise erfolgt die Fristbestimmung zusammen mit der Ladung zur virtuellen Betriebsratssitzung (→ *Frage 67: Was hat der Betriebsratsvorsitzende bei der Einladung zu einer virtuellen Betriebsratssitzung zu beachten?*). Liegt **keine Fristsetzung** vor, dann kann der virtuellen Teilnahme oder der virtuellen Sitzung insgesamt noch bis zum Beginn der virtuellen Betriebsratssitzung widersprochen werden (Fitting BetrVG § 30 Rn. 31).

Widerspruchsberechtigt sind alle Betriebsratsmitglieder bzw. Ersatzmitglieder, die zu der Sitzung zu laden waren. Der Widerspruch ist **beim Betriebsratsvorsitzenden,** im Verhinderungsfall bei dessen Stellvertreter einzureichen. Eine besondere **Form** ist ebenso wenig erforderlich wie eine **Begründung** des Widerspruchs. Entsprechende Anforderungen können auch nicht durch Geschäftsordnung (wirksam) festgelegt werden (→ *Frage 66: Welche (weiteren) rechtlichen Voraussetzungen müssen erfüllt sein, damit eine virtuelle Betriebsratssitzung durchgeführt werden darf?*; Fitting BetrVG § 30 Rn. 31).

Praxistipp

Um ggf. nachweisen zu können, dass ein fristgerechter Widerspruch erfolgt ist, sollte das widersprechende Betriebsratsmitglied einen Widerspruch zumindest in Textform (zB per Mail) innerhalb der gesetzten Frist dem Betriebsratsvorsitzenden, im Verhinderungsfall dessen Stellvertreter, übermitteln und sich den Eingang bestätigen lassen.

Ein nach § 30 Abs. 2 S. 1 Nr. 2 BetrVG ausreichender Widerspruch erfordert, dass „***mindestens ein Viertel*** *der Mitglieder des Betriebsrates*“ der virtuellen Betriebsratssitzung widersprochen haben. Bei der Prüfung, ob genügend (widerspruchsberechtigte) Betriebsratsmitglieder/Ersatzmitglieder widersprochen haben,

- kommt es auf die gesetzliche (Gesamt-)**Anzahl** der Mitglieder des BR an,
- die durch vier zu teilen und stets auf die nächsthöhere Zahl **aufzurunden** ist.

Beispiel

gesetzliche (Gesamt-)Anzahl der BR-Mitglieder	**geteilt durch 4 =**	**nach § 30 Abs. 2 BetrVG erforderliche Anzahl an Widersprüchen**
5	1,25	2
7	1,75	2
9	2,25	3
11	2,75	3
13	3,25	4
15	3,75	4

Formulierungsmuster
Widerspruch gegen virtuelle Sitzungsteilnahme

Liebe/Lieber ......,

ich nehme Bezug auf die Ladung zur Betriebsratssitzung für den .... Wie ich der Ladung entnehmen konnte, soll eine virtuelle Teilnahme an dieser Sitzung möglich sein. Dem widerspreche ich hiermit und bitte um kurze Bestätigung des Eingangs meines Widerspruchs.

Viele Grüße

(Betriebsratsmitglied)

Formulierungsmuster
Widerspruch gegen eine vollständig virtuelle Betriebsratssitzung

Liebe/Lieber ......,

ich nehme Bezug auf die Ladung zur Betriebsratssitzung für den .... Wie ich der Ladung entnehmen konnte, soll diese Sitzung vollständig virtuell durchgeführt werden. Dem widerspreche ich hiermit und bitte um kurze Bestätigung des Eingangs meines Widerspruchs.

Viele Grüße

(Betriebsratsmitglied)

Überblick: Voraussetzungen eines ausreichenden Widerspruchs gegen eine virtuelle BR-Sitzung

- (formloser) **Widerspruch** gegen eine mitgeteilte virtuelle Betriebsratssitzung/virtuelle Sitzungsteilnahme
- durch **widerspruchsberechtigte** Betriebsratsmitglieder/Ersatzmitglieder
- innerhalb der vom Betriebsratsvorsitzenden gesetzten **Frist**,
- ausreichende **Mindestanzahl** an Widersprüchen (1/4 der Anzahl aller BR-Mitglieder).

69. Darf die virtuelle BR-Sitzung trotz Widerspruchs durchgeführt werden?

Ein rechtzeitiger Widerspruch der erforderlichen Mindestanzahl widerspruchsberechtigter Betriebsratsmitglieder/Ersatzmitglieder führt dazu, dass die Betriebsratssitzung als (reine) **Präsenzsitzung** durchzuführen und damit auch die **virtuelle Teilnahme** einzelner Betriebsratsmitglieder **unzulässig** ist. Eine gleichwohl ganz oder teilweise virtuell durchgeführte Betriebsratssitzung ist rechtswidrig. Im Rahmen einer solchen Sitzung gefasste Beschlüsse sind im Regelfall unwirksam (Fitting BetrVG § 30 Rn. 32).

70. Muss sichergestellt werden, dass Unbefugte vom Inhalt der virtuellen Betriebsratssitzung keine Kenntnis nehmen können?

Nach § 30 Abs. 2 S. 1 Nr. 3 BetrVG hat der BR bei einer ganz oder teilweise virtuellen Betriebsratssitzung durch entsprechende **technische und organisatorische Maßnahmen** (TOM) sicherzustellen, dass Dritte – also am konkreten Tagesordnungspunkt nicht teilnahmeberechtigte Personen – keine Kenntnis vom Inhalt der Sitzung nehmen können. Der BR muss die ihm möglichen und zumutbaren technischen und organisatorischen Schutzvorkehrungen treffen. Das allgemeine in § 30 Abs. 1 S. 4 BetrVG verankerte Gebot der **Nichtöffentlichkeit** wird insoweit für virtuelle Betriebsratssitzungen ergänzt (Fitting BetrVG § 30 Rn. 33).

Zu den **technischen Schutzmaßnahmen** zählen zB:

- die Nutzung einer **verschlüsselten Verbindung** (BT-Drs. 19/28899, 20; Fitting BetrVG § 30 Rn. 33) bzw.
- die Verwendung eines Videokonferenzprogramms, das durch entsprechende **Verschlüsselungstechnik** vor dem unbefugten Zugriff durch Dritte schützt (dazu auch LAG Köln 25.6.2021 – 9 TaBV 7/21).

Es dürfen aber an die zu treffenden technischen Vorkehrungen zur virtuellen Absicherung der Sitzung keine allzu hohen Anforderungen gestellt werden. Dem Grundsatz der Nichtöffentlichkeit wird regelmäßig mit der Verwendung eines Videokonferenzprogramms Rechnung getragen, das eine **Verschlüsselung** nach dem **aktuellen Stand der Technik** hinreichend gewährleistet. In der Rechtsprechung wurde insoweit zB die Nutzung des Videokonferenzsystems **„Cisco Webex"** als hinreichend sicher eingestuft (LAG Köln 25.6.2021 – 9 TaBV 7/21).

Als **organisatorische Schutzmaßnahmen** kommen zB in Betracht:

- die **Nutzung von Passwörtern,** um zu gewährleisten, dass sich nur die teilnahmeberechtigten Personen Zugang zu dem für die Sitzung genutzten Videokonferenzprogramm verschaffen und über den Einladungslink an der (teil)virtuellen Betriebsratssitzung teilnehmen können (Fitting BetrVG § 129 Rn. 17 zur Sicherstellung der Nichtöffentlichkeit bei der Teilnahme an einer während der Pandemie zulässigen virtuellen Betriebsversammlung),
- die **Nutzung nichtöffentlicher Räume** während der Sitzungsdauer durch alle Betriebsratsmitglieder und teilnahmeberechtigte Dritte (Fitting BetrVG § 30 Rn. 33; → *Frage 71: Können Betriebsratsmitglieder von jedem Ort aus an einer virtuellen Betriebsratssitzung teilnehmen?*),
- die zum Sitzungsprotokoll zu nehmende Versicherung aller (virtuell) Teilnehmenden, dass nur teilnahmeberechtigte Personen im Rahm sind nebst **Zusicherung,** dass eine unverzügliche Information erfolgt, sobald eine nicht teilnahmeberechtigte Person den Raum betritt (BT-Drs. 19/28899, 20; Fitting BetrVG § 30 Rn. 33),
- die Vorgabe der **Nutzung der Videofunktion** und ein **Kameraschwenk** durch den von den teilnahmeberechtigten Teilnehmern genutzten Raum, um die Abwesenheit Dritter (jedenfalls zum Zeitpunkt des Kameraschwenks) zu dokumentieren (Fitting BetrVG § 30 Rn. 33).

Eine absolute **Vertraulichkeitsgarantie** wird nicht verlangt. Der BR hat hinsichtlich der Frage, welche TOM zur Gewährleistung des Gebots der Nichtöffentlichkeit konkret erforderlich sind, einen **Beurteilungsspielraum** (Fitting BetrVG § 30 Rn. 33).

Die zur Umsetzung der TOM erforderlichen **Sachmittel** bzw. **Kosten** hat der Arbeitgeber im Rahmen des § 40 Abs. 2 BetrVG zur Verfügung zu stellen bzw. zu übernehmen (→ *Frage 75: Hat der Arbeitgeber die für eine virtuelle Betriebsratssitzung erforderliche IT und Kommunikationstechnik zur Verfügung zu stellen?*).

Eine Regelung der TOM kann in der **Geschäftsordnung** erfolgen; zwingend erforderlich ist dies allerdings nicht. Der Betriebsratsvorsitzende ist dafür verantwortlich und befugt, die entsprechenden Maßnahmen zur **Sicherstellung der Nichtöffentlichkeit** virtueller Betriebsratssitzungen festzulegen und deren Einhaltung während der Sitzung zu **überwachen.** Dies folgt – auch ohne entsprechende Regelung in der Geschäftsordnung – aus der in § 29 Abs. 2 S. 2 BetrVG verankerten Kompetenz zur **Sitzungsleitung** (Boemke/Roloff/Haase NZA 2021, 827 (832)).

Die Beachtung des Gebots der Nichtöffentlichkeit kann bei schwerwiegenden Verstößen zur Unwirksamkeit eines in der virtuellen Sitzung gefassten Beschlusses führen (s. dazu Fitting BetrVG § 30 Rn. 34).

71. Können Betriebsratsmitglieder von jedem Ort aus an einer virtuellen Betriebsratssitzung teilnehmen?

Nein, die Teilnahme an einer virtuellen Betriebsratssitzung setzt voraus, dass sich der jeweilige Teilnehmer während der gesamten Sitzungsdauer an einem nichtöffentlichen Ort aufhält. Anderenfalls liegt im Regefall ein Verstoß gegen das **Gebot der Nichtöffentlichkeit** vor (→ *Frage 70: Muss sichergestellt werden, dass Unbefugte vom Inhalt der virtuellen Betriebsratssitzung keine Kenntnis nehmen können?*). Daher kommt die Teilnahme an einer virtuellen Betriebsratssitzung **nicht** in Betracht, wenn sich das Betriebsratsmitglied an einem Ort aufhält, der für die Öffentlichkeit – und damit auch für nicht teilnahmeberechtigte Personen – frei zugänglich ist. Darunter fallen u. a. folgende Örtlichkeiten:

- öffentlicher Park,
- Zugabteil,
- Großraumbüro.

72. Welche Rechtsfolgen können eintreten, wenn ein Betriebsratsmitglied eine virtuelle Betriebsratssitzung heimlich aufzeichnet, heimlich überträgt bzw. Unbefugten zugänglich macht?

Nach § 30 Abs. 2 S. 2 BetrVG ist die Aufzeichnung einer virtuellen Betriebsratssitzung **unzulässig**. Unzulässig sind danach sowohl Ton- als auch Bildaufzeichnungen von (virtuellen) Betriebsratssitzungen. Auch von dieser zwingenden Vorgabe kann nicht (rechtswirksam) abgewichen werden. Ein klarstellender Hinweis auf das geltende **Aufzeichnungsverbot** in der Geschäftsordnung ist möglich, aber nicht zwingend erforderlich.

Bei Verstößen gegen die Aufzeichnungspflicht liegt nicht nur ein **grober Verstoß** gegen eine betriebsverfassungsrechtliche Regelung vor, der nach § 23 BetrVG zu einem **Ausschluss** des betreffenden Betriebsratsmitglieds aus dem BR führen kann. Darüber hinaus liegt in der Aufzeichnung auch ein Eingriff in das **allgemeine Persönlichkeitsrecht** (Recht am eigenen Wort bzw. Recht am eigenen Bild) der Sitzungsteilnehmer und damit eine Verletzung des Datenschutzrechts. Dies kann nicht nur **strafrechtlich** relevant sein (vgl. § 201 StGB), sondern auch **Schadensersatzansprüche** der betroffenen Sitzungsteilnehmer begründen (Fitting BetrVG § 30 Rn. 35).

Bei einem Verstoß gegen das Aufzeichnungsverbot droht dem Sitzungsteilnehmer auch eine außerordentliche **Kündigung** seines Arbeitsverhältnisses (LAG Baden-Württemberg 9.9.2011 – 17 Sa 16/11; hier: heimliche Übertragung einer Betriebsratssitzung durch ein Betriebsratsmitglied an Dritte).

Hat ein Sitzungsteilnehmer eine Sitzung des BR aufgezeichnet, kann dies auch zur **Unwirksamkeit der in dieser Sitzung gefassten Beschlüsse** führen. Dies erfordert aber, dass mit der Aufzeichnung Einfluss auf die Willensbildung genommen wurde. Dies ist insbesondere dann anzunehmen, wenn

- die Aufzeichnung bemerkt und beanstandet wurde und
- gleichwohl keine Abhilfe erfolgt ist (s. Fitting BetrVG § 30 Rn. 35).

73. Wer entscheidet über die Einberufung einer virtuellen Betriebsratssitzung?

Die Einberufung der Betriebsratssitzungen liegt zwar in der Verantwortung des Betriebsratsvorsitzenden (vgl. § 29 Abs. 2 S. 1 BetrVG). Er hat auch die einzuladenden Teilnehmer darauf **hinzuweisen**, dass und in welcher Weise eine virtuelle Sitzung geplant ist (→ *Frage 67: Was hat der Betriebsratsvorsitzende bei der Einladung zu einer virtuellen Betriebsratssitzung zu beachten?*). Liegen die Voraussetzungen für die Einberufung einer virtuellen Betriebsratssitzung vor (→ *Frage 66: Welche (weiteren) rechtlichen Voraussetzungen müssen erfüllt sein, damit eine virtuelle Betriebsratssitzung durchgeführt werden darf?*), dann kann der **Betriebsratsvorsitzende** aber weder über das *„**Ob**“* noch über das *„**Wie**“* der (teil)virtuellen Sitzung nach eigenem Ermessen entscheiden (Boemke/Roloff/Haase NZA 2021, 827 (829); aA zur Übergangsregelung in § 129 BetrVG: LAG Berlin-Brandenburg 24.8.2020 – 12 TaBVGa 1015/20; LAG Hessen 8.2.2021 – 16 TaBV 185/20).

Bereits die **Gesetzesbegründung** verdeutlicht, dass hier nicht der Vorsitzende entscheidet, sondern die Anberaumung digitaler Sitzungen in der *„alleinigen Entscheidungsbefugnis des Betriebsrats“* liegt (BT-Drs. 19/28899, 19).

Daher hat sich der Vorsitzende an die vom Betriebsratsgremium aufgestellten Regelungen und damit an die in der Geschäftsordnung zur virtuellen Betriebsratssitzung verankerten Vorgaben zu halten. Ihm steht ein **Ermessen** idR nur bzgl. der Auswahl der konkreten digitalen Teilnahmeform (Zuschaltung der virtuell teilnehmenden Mitglieder per Video- oder Audiocall) bzw. der konkreten Form der vollständig digitalen Sitzung (Video- oder Telefonkonferenz) zu, soweit die **Geschäftsordnung** hierfür selbst keine abschließende Regelung trifft. Sind die Voraussetzungen einer virtuellen Sitzungsteilnahme in der Geschäftsordnung geregelt und im Einzelfall auch erfüllt, hat der Vorsitzende den betreffenden Mitgliedern des BR eine virtuelle Sitzungsteilnahme zu ermöglichen. In diesem Fall besteht auch ein entsprechender **Anspruch des Mitglieds** auf virtuelle Sitzungsteilnahme gegenüber dem Betriebsratsvorsitzenden (Boemke/Roloff/Haase NZA 2021, 827 (829)).

Der **Arbeitgeber** kann den Betriebsratsvorsitzenden grds. nicht verpflichten, dass zu einer Sitzung in virtueller oder hybrider Form eingeladen wird (aber → *Frage 74: Was ist bei der Entscheidung über die Einberufung einer virtuellen Sitzung zu beachten?*). In den **Gesetzesmaterialien** wird dies klargestellt und darauf hingewiesen, dass der *„Arbeitgeber …… in keinem Fall berechtigt*" ist, die Durchführung einer virtuellen Betriebsratssitzung zu verlangen (BT-Drs. 19/28899, 19; Fitting BetrVG § 30 Rn. 29).

74. Was ist bei der Entscheidung über die Einberufung einer virtuellen Sitzung zu beachten?

Bei der Entscheidung über die Einberufung einer virtuellen Sitzung hat der Betriebsratsvorsitzende nicht nur unter Beachtung der **Geschäftsordnung** zu prüfen, ob die **Voraussetzungen** für die Einberufung einer virtuellen Betriebsratssitzung vorliegen (→ *Frage 73: Wer entscheidet über die Einberufung einer virtuellen Betriebsratssitzung?*). Er muss zudem

- die **betrieblichen Notwendigkeiten** berücksichtigen (§ 30 Abs. 1 S. 2 BetrVG) und
- prüfen, ob die **technischen Voraussetzungen** für die Durchführung der beabsichtigten (teil) virtuellen Betriebsratssitzung erfüllt sind.

Die Rücksichtnahme auf **betriebliche Notwendigkeiten** kann im Einzelfall erfordern, dass die Betriebsratssitzung an den Beginn oder das Ende und nicht mitten in die Arbeitszeit gelegt wird (Fitting BetrVG § 30 Rn. 10). Dies ist bei (teil)virtuellen Sitzungen insbesondere dann denkbar, soweit **Betriebsratsmitglieder von außerhalb** der Betriebsstätte an der Sitzung teilnehmen und daher im Anschluss an die Sitzung nicht sofort ihre Arbeit aufnehmen können (s. ArbG Köln 24.3.2021 – 18 BVGa 11/21).

Zu den **technischen Voraussetzungen** einer virtuellen Betriebsratssitzung gehört nicht nur die Einhaltung der technischen **Schutzmaßnahmen**, die zur Sicherstellung des Gebotes der Nichtöffentlichkeit erforderlich sind (→ *Frage 70: Muss sichergestellt werden, dass Unbefugte vom Inhalt der virtuellen Betriebsratssitzung keine Kenntnis nehmen können?*. Darüber hinaus müssen die teilnahmeberechtigten Personen über die notwendige technische **Ausstattung** verfügen, um überhaupt an der Sitzung teilnehmen zu können. Ggf. muss die erforderliche, noch nicht vorhandene Ausstattung erst gegenüber dem Arbeitgeber geltend gemacht werden (s. § 40 Abs. 2 BetrVG; → *Frage 75: Hat der Arbeitgeber die für eine virtuelle Betriebsratssitzung erforderliche IT und Kommunikationstechnik zur Verfügung zu stellen?*).

75. Hat der Arbeitgeber die für eine virtuelle Betriebsratssitzung erforderliche IT und Kommunikationstechnik zur Verfügung zu stellen?

Soweit die rechtlichen Voraussetzungen für die Durchführung virtueller Betriebsratssitzungen erfüllt sind (→ *Frage 66: Welche (weiteren) rechtlichen Voraussetzungen müssen erfüllt sein, damit eine virtuelle Betriebsratssitzung durchgeführt werden darf?*), kann der BR nach § 40 Abs. 2 BetrVG verlangen, dass der Arbeitgeber die IT und Kommunikationstechnik (IuK-Technik) zur Verfügung stellt, die für eine **Durchführung** dieser Sitzung **und** der **Teilnahme** daran **erforderlich** ist (→ *Frage 19: Auf welche IT und Kommunikationstechnik kann sich der Anspruch des Betriebsrats erstrecken?*). Dabei kann im Einzelfall bspw. folgende IuK-Technik als erforderliches Sachmittel beansprucht werden:

- zwei **Lizenzen** zur Durchführung von Videokonferenzen, zwei Headsets, zwei Webcams, elf Smartphones für einen elfköpfigen BR (LAG Berlin-Brandenburg 14.4.2021 – 15 TaBVGa 401/21)
- drei funktionsfähige handelsübliche, dem gegenwärtigen technischen Standard entsprechende **Tablets** oder Laptops mit Internetzugang für einen dreiköpfigen BR (LAG Hessen 21.5.2021 – 16 TaBVGa 79/21)
- ein Tablet oder **Laptop mit Internetzugang** und mindestens 7,9 Zoll Displaygröße für jedes Betriebsratsmitglied (LAG Hessen 14.3.2022 – 16 TaBV 143/21)
- **Webcam** mit Mikrofon bzw. Headset, soweit der PC bzw. Laptop hierüber nicht bereits in ausreichender Qualität verfügt (Fitting § 40 Rn. 134c).

Der BR braucht sich nicht darauf verweisen lassen, die Betriebsratssitzung als Telefonkonferenz und nicht als Videokonferenz durchzuführen, wenn er Videokonferenzen für besser geeignet hält. Der **Arbeitgeber** ist daher grds. nicht berechtigt, die Bereitstellung der für eine virtuelle Betriebsratssitzung erforderlichen Geräte (Laptop etc) mit dem Argument zu verweigern, dass der BR stattdessen ja mit den bereits zur Verfügung stehenden Geräten (Handys) eine **Telefonkonferenz** durchführen könne (LAG Hessen 21.5.2021 – 16 TaBVGa 79/21).

Erlaubt die **Geschäftsordnung** des BR virtuelle Sitzungen (→ *Frage 64: Sind virtuelle Sitzungen des Betriebsrats überhaupt zulässig?*), sind dem BR nicht nur die zur Durchführung dieser Sitzung **erforderlichen Geräte** zur Verfügung zu stellen. Auch die erforderliche **Software** einschließlich der für die Nutzung von Konferenzsystemen notwendigen **Lizenzen**, kann der BR nach § 40 Abs. 2 BetrVG beanspruchen. Darunter fällt insbesondere auch die Hard- und Software, die zur Sicherstellung der Nichtöffentlichkeit (§ 30 Abs. 2 S. 1 Nr. 3 BetrVG) erforderlich ist. Der BR hat hier einen Beurteilungsspielraum und kann zB die Nichtöffentlichkeit durch die Nutzung **verschlüsselter Verbindungen** oder die Nutzung gesicherter Netze und Endgeräte sicherstellen (Fitting BetrVG § 30 Rn. 33, § 40 Rn. 134c).

Allerdings kann der BR im Regelfall nicht mit Erfolg geltend machen, dass ihm die für eine virtuelle Betriebsratssitzung erforderliche IuK-Technik von einem **bestimmten Anbieter** zur Verfügung gestellt wird (→ *Frage 19: Auf welche IT und Kommunikationstechnik kann sich der Anspruch des Betriebsrats erstrecken?*).

76. Können auch private Geräte genutzt werden, um an einer virtuellen Betriebsratssitzung teilzunehmen?

Solange den Anforderungen der **Nichtöffentlichkeit** (→ *Frage 70: Muss sichergestellt werden, dass Unbefugte vom Inhalt der virtuellen Betriebsratssitzung keine Kenntnis nehmen können?*) entsprochen wird und kein Verstoß gegen die **Geschäftsordnung** vorliegt, können teilnahmeberechtigte Personen auch eigene private Geräte nutzen, um an einer virtuellen Betriebsratssitzung teilzunehmen (allgemein → *Frage 29: Können Betriebsräte private bzw. eigene IT bzw. Kommunikationstechnik zur Erledigung von Betriebsratsaufgaben nutzen?*). Allerdings sind auch hier die Vorgaben des **Datenschutzes** zu erfüllen (→ *Frage 93: Inwieweit muss der Betriebsrat bei seiner Tätigkeit die Vorgaben des Datenschutzes beachten?*).

77. Wie sollte reagiert werden, wenn im Verlauf der Sitzung technische Störungen auftreten (zB Zusammenbruch der Internetverbindung)?

Treten im Verlauf einer virtuellen Betriebsratssitzung technische Störungen auf, die dazu führen, dass die Kommunikation unterbrochen wird, ist dies wie eine ***„Zwangspause“*** zu behandeln. Die Sitzung ist zu unterbrechen und nach der Behebung der Störung fortzusetzen.

Dies gilt auch dann, wenn nur bei einzelnen Betriebsratsmitgliedern technische Schwierigkeiten auftreten und zB die Internetverbindung zusammenbricht. Beendet dagegen ein Betriebsratsmitglied oder ein anderer Sitzungsteilnehmer **freiwillig** die Zuschaltung, ist dies so zu behandeln wie eine **Entfernung aus dem Sitzungsraum** im Fall einer Präsenzsitzung. Dh, die Sitzung kann hier fortgesetzt werden, sofern nicht vorher um eine Unterbrechung gebeten wurde. Die Abwesenheit des Betriebsratsmitglieds und der Zeitpunkt bzw. die Zeitspanne der Abwesenheit sind im Protokoll zu vermerken.

Soweit unsicher ist, ob ein Teilnehmer die virtuelle Sitzung freiwillig oder unfreiwillig (aufgrund einer technischen Störung) verlassen hat, sollte – um einen Verfahrensfehler wegen unzulässigen Ausschlusses von der Sitzung zu vermeiden – die Sitzung **kurz unterbrochen** werden. Ggf. kann versucht werden, zB per Telefon oder Mail Kontakt zum Sitzungsteilnehmer herzustellen und die Ursache für sein Ausscheiden aus der virtuellen Sitzung zu erfragen. Ist anzunehmen, dass eine technische Störung vorliegt, diese aber – jedenfalls kurzfristig – nicht behoben werden kann, gilt das Betriebsratsmitglied als zeitweilig verhindert (§ 25 Abs. 1 S. 2

BetrVG). Die Sitzung kann dann mit den übrigen Teilnehmern fortgesetzt werden (s. dazu Däubler/Klebe NZA 2020, 545 (548)).

78. Darf eine virtuelle Betriebsratssitzung aufgezeichnet werden?

Nein, Aufzeichnungen sind nach § 30 Abs. 2 S. 2 BetrVG **unzulässig** (→ *Frage 72: Welche Rechtsfolgen können eintreten, wenn ein Betriebsratsmitglied eine virtuelle Betriebsratssitzung heimlich aufzeichnet, heimlich überträgt bzw. Unbefugten zugänglich macht?*).

79. Können in einer virtuellen Betriebsratssitzung (wirksame) Beschlüsse gefasst werden? Was ist dabei zu beachten?

Nach § 33 Abs. 1 S. 2 BetrVG gelten auch Betriebsratsmitglieder die mittels Video- bzw. Telefonkonferenz an einer Beschlussfassung teilnehmen, als **anwesend** und können damit an der Beschlussfassung mitwirken (vgl. § 33 Abs. 1 S. 1 BetrVG). Daher können sowohl in hybriden als auch rein virtuellen Betriebsratssitzungen Beschlüsse gefasst werden (Fitting BetrVG § 30 Rn. 24).

Allerdings setzt eine **wirksame Beschlussfassung** neben der Erfüllung der allgemein geltenden Anforderungen (s. dazu Fitting BetrVG § 33 Rn. 22 ff.) voraus, dass

- die angesetzte virtuelle Betriebsratssitzung **zulässig** ist (→ *Frage 66: Welche (weiteren) rechtlichen Voraussetzungen müssen erfüllt sein, damit eine virtuelle Betriebsratssitzung durchgeführt werden darf?*),
- mit der **Einladung** darauf hingewiesen wurde, dass die Sitzung vollständig virtuell erfolgen soll oder (falls eine Präsenzsitzung stattfinden soll) die Möglichkeit zur virtuellen Teilnahme besteht (→ *Frage 67: Was hat der Betriebsratsvorsitzende bei der Einladung zu einer virtuellen Betriebsratssitzung zu beachten?*) und
- **kein beachtlicher Widerspruch** gegen die virtuelle Betriebsratssitzung vorliegt (→ *Frage 69: Darf die virtuelle BR-Sitzung trotz Widerspruchs durchgeführt werden?*).

Darüber hinaus ist das Gebot der **Nichtöffentlichkeit** zu beachten, da Verstöße gegen dieses Gebot zur Unwirksamkeit von Beschlüssen führen kann (→ *Frage 70: Muss sichergestellt werden, dass Unbefugte vom Inhalt der virtuellen Betriebsratssitzung keine Kenntnis nehmen können?*; → *Frage 81: Wer darf an einer virtuellen Betriebsratssitzung teilnehmen?*).

80. Können in einer virtuellen Betriebsratssitzung betriebsratsinterne Wahlen erfolgen?

In einer virtuellen Betriebsratssitzung können mittels entsprechender Beschlussfassung **Sachentscheidungen** getroffen werden (→ *Frage 79: Können in einer virtuellen Betriebsratssitzung (wirksame) Beschlüsse gefasst werden? Was ist dabei zu beachten?*).

Umstritten ist, ob auch **betriebsratsinterne Wahlen** virtuell durchgeführt werden dürfen. Für die grundsätzliche Zulässigkeit virtueller Wahlen spricht, dass eine – unter Beachtung der geltenden Anforderungen – durchgeführte virtuelle Sitzung der Präsenzsitzung gleichsteht. Probleme wirft aber das virtuelle Format dann auf, wenn die betriebsratsinterne Wahl geheim durchzuführen ist. Für **geheime Wahlen** – sowie geheime Abstimmungen allgemein – ist daher eine Präsenzsitzung notwendig, solange keine technischen Lösungen zur Verfügung stehen, die eine Geheimhaltung der Stimmabgabe uneingeschränkt garantierten. Daher dürfen folgende betriebsratsinterne Wahlen (derzeit) nur im Rahmen einer (reinen) **Präsenzsitzung** erfolgen (Fitting BetrVG § 30 Rn. 28):

- Wahl der weiteren Mitglieder des Betriebsausschusses nach § 27 Abs. 1 S. 3 BetrVG,
- Wahl und Abberufung von Ausschussmitgliedern nach § 28 Abs. 1 S. 2 BetrVG,
- Wahl der freizustellenden Betriebsratsmitglieder nach § 38 Abs. 2 S. 1 BetrVG.

81. Wer darf an einer virtuellen Betriebsratssitzung teilnehmen?

Hinsichtlich des Teilnahmerechts gelten im Hinblick auf virtuelle Betriebsratssitzungen keine grundlegenden Besonderheiten. Dh, teilnahmeberechtigt sind neben den **Betriebsratsmitgliedern** (bzw. im Verhinderungsfall dem entsprechenden Ersatzmitglied) alle Personen, die auch an einer Präsenzsitzung des BR ein **Teilnahmerecht** haben. Nur diesen darf auch die Teilnahme an einer virtuellen Betriebsratssitzung gestattet werden. Anderenfalls liegt ein Verstoß gegen das Gebot der Nichtöffentlichkeit (§ 30 Abs. 1 S. 4, Abs. 2 S. 1 Nr. 3 BetrVG) vor, der zur Unwirksamkeit von Beschlüssen führen kann (Fitting BetrVG § 30 Rn. 16).

82. Wie wird die Sitzungsniederschrift nebst Anwesenheitsliste bei einer virtuellen Betriebsratssitzung erstellt?

Über jede Sitzung des BR ist eine Niederschrift zu erstellen. Diese muss

- zumindest den Wortlaut der **Beschlüsse** und die **Stimmenmehrheit,** mit der diese gefasst wurden, beinhalten (§ 34 Abs. 1 S. 1 BetrVG)

und

- vom Vorsitzenden und einem weiteren Betriebsratsmitglied **unterzeichnet** werden (§ 34 Abs. 1 S. 2 BetrVG.

Darüber hinaus ist der Niederschrift

- eine **Anwesenheitsliste** beizufügen, in die sich jeder Teilnehmer (neben Betriebsratsmitgliedern und Ersatzmitgliedern fallen darunter alle Personen, die an Sitzungen des BR teilnehmen dürfen) eigenhändig, dh durch seine Unterschrift einzutragen hat (§ 34 Abs. 1 S. 3 BetrVG).

Virtuelle Betriebsratssitzungen sind von dem Erfordernis der Erstellung einer Sitzungsniederschrift nebst Anwesenheitsliste nicht ausgenommen. Da bei einer **rein virtuellen Betriebsratssitzung** wie auch bei einer hybriden (teilweise virtuellen) Betriebsratssitzung eine eigenhändige Eintragung (Unterschrift) der zugeschalteten Teilnehmer in die Anwesenheitsliste nicht möglich ist, gilt (nur) für diese Sitzungsteilnehmer eine **Sonderregelung.** Die virtuell zugeschalteten Sitzungsteilnehmer haben ihre Teilnahme an der Sitzung gegenüber dem Betriebsratsvorsitzenden in **Textform** zu bestätigen; diese Bestätigung ist dann der Sitzungsniederschrift beizufügen (§ 34 Abs. 1 S. 4 und 5 BetrVG).

Die einfachste Möglichkeit besteht darin, dass die Teilnehmer ihre Teilnahme an der Betriebsratssitzung über eine an die Adresse des Betriebsratsvorsitzenden gerichtete **E-Mail** bestätigen. Möglich wären auch andere Formen der digitalen Nachrichtenübermittlung, soweit die Person des Absenders hieraus eindeutig hervorgeht und eine Speicherung möglich ist. Dies dürfte regelmäßig bei einer per **SMS** oder über einen sonstigen **Messengerdienst** (zB WhatsApp) an den Betriebsratsvorsitzenden versandten Teilnahmebestätigung jedenfalls dann der Fall sein, wenn der Vorsitzende einen Screenshot der jeweiligen Nachricht erstellt, diesen ausdruckt und dann der Niederschrift beifügt. Alternativ kommt auch eine Teilnahmebestätigung per Chatfunktion der bei der Sitzung verwendeten Konferenz-Software in Betracht, wenn diese den Absender erkennen lässt und vom Vorsitzenden mittels Screenshot festgehalten und als Ausdruck der Niederschrift angefügt werden kann (Boemke/Roloff/Haase NZA 2021, 821 (832); Fitting BetrVG § 34 Rn. 21a).

Praxistipp

Zur Ermöglichung einer einfachen, einheitlichen und möglichst übersichtlichen Dokumentation sollte in der Geschäftsordnung festgelegt werden, dass ein virtuell zugeschaltetes Mitglied seine Teilnahme zu Beginn der Sitzung per E-Mail gegenüber dem Vorsitzenden zu bestätigen hat.

→ Muster 1: Geschäftsordnungsregelung zur vollständig virtuellen Betriebsratssitzung sowie zur virtuellen Sitzungsteilnahme einzelner Mitglieder

83. Kann der Betriebsrat seine Sitzungen ausschließlich oder überwiegend virtuell abhalten?

Der Gesetzgeber hat mit § 30 Abs. 2 S. 1 Nr. 1 BetrVG klargestellt, dass bereits die in der Geschäftsordnung zwingend zu verankernden Regelungen zu virtuellen Betriebsratssitzungen den **Vorrang der Präsenzsitzung** sichern müssen. Dem würde es widersprechen, wenn die Betriebsratssitzungen ausschließlich oder aber überwiegend als virtuelle Sitzungen durchgeführt werden. Nach der **Gesetzesbegründung** wäre auch ein ständig eingerichtetes hybrides Format (Präsenzsitzung mit virtueller Teilnahmemöglichkeit) ausgeschlossen, um so eine dauerhafte virtuelle Teilnahme einzelner Mitglieder zu verhindern (BT-Drs. 19/28899, 19).

Die **Geschäftsordnung** muss vielmehr Sicherungsmechanismen enthalten, die verhindern, dass die Präsenzsitzung zur Ausnahme und die virtuelle Betriebsratssitzung zur Regel wird (→ *Muster 1: Geschäftsordnungsregelung zur vollständig virtuellen Betriebsratssitzung sowie zur virtuellen Sitzungsteilnahme einzelner Mitglieder*). Welche Vorkehrungen hier getroffen werden, hat der BR zu beurteilen und in der Geschäftsordnung festzulegen. In der Gesetzesbegründung wird darauf hingewiesen, dass der **Vorrang der Präsenzsitzung** zB gesichert werden kann (s. BT-Drs. 18/28899, 19; Fitting BetrVG § 30 Rn. 26):

- durch eine Begrenzung der **Anzahl** von Sitzungen (pro Kalenderjahr oder Quartal), die ganz oder teilweise als Video- bzw. Telefonkonferenz durchgeführt werden können, oder
- eine Beschränkung virtueller Sitzungen auf bestimmte **Themen** Sachverhalte, bei denen der Betriebsrat eine möglichst schnelle Befassung für angezeigt hält, oder
- durch eine Begrenzung virtueller Sitzungen auf Fälle, in denen das virtuelle Format dem **Gesundheitsschutz** der Betriebsratsmitglieder dient (zB während einer Pandemie).

84. In welchem Verhältnis steht die virtuelle Betriebsratssitzung zur Präsenzsitzung sowie zur Betriebsratssitzung mittels Telefonkonferenz?

Das Gesetz regelt keinen Vorrang der Video- vor der Telefonkonferenz oder umgekehrt. Daher kann die Geschäftsordnung nicht nur beide Sitzungsformen zulassen. Sie kann sich auch darauf beschränken, auch hier aber nur unter Wahrung des **Vorrangs der Präsenzsitzung** (→ *Frage 83: Kann der Betriebsrat seine Sitzungen ausschließlich oder überwiegend virtuell abhalten?*) lediglich virtuelle Betriebsratssitzungen vorsehen (Boemke/Roloff/Haase NZA 2021, 827 (832)).

XI. Virtuelle Sitzungen von Betriebsausschüssen

In der betrieblichen Praxis können auch (teil)virtuelle Sitzungen von Betriebsausschüssen infrage stehen. Die Zulässigkeit derartiger Sitzungsformate mit den dabei zu beachtenden Voraussetzungen behandelt dieses Kapitel.

85. Können auch gebildete (Betriebs-)Ausschüsse sowie Arbeitsgruppen virtuelle Sitzungen abhalten?

Der Betriebsausschuss (§ 27 BetrVG) und die anderen Ausschüsse des BR unterliegen hinsichtlich der Durchführung der ihnen übertragenen Aufgaben und Befugnisse grds. den gleichen Vorschriften wie der BR. Daher ist auch die Regelung des § 30 BetrVG auf Sitzungen der (Betriebs-)Ausschüsse entsprechend anzuwenden (BAG 18.11.1980 – 1 ABR 31/78; Fitting BetrVG § 30 Rn. 3).

Dies betrifft auch die **Regelungen zur virtuellen Sitzung,** sodass auch virtuelle Sitzungen von Betriebs- und sonstige Ausschüssen des BR in Betracht kommen (Fitting BetrVG § 30 Rn. 3).

86. Welche Voraussetzungen sind hier allgemein zu beachten?

Eine virtuelle Ausschusssitzung ist entsprechend der Regelung für virtuelle Betriebsratssitzungen (→ *Frage 66: Welche (weiteren) rechtlichen Vorausset-*

zungen müssen erfüllt sein, damit eine virtuelle Betriebsratssitzung durchgeführt werden darf?) nur dann zulässig, wenn

- eine entsprechende **Geschäftsordnungsregelung** besteht,
- **kein Widerspruch** von (mindestens) ¼ der Ausschussmitglieder vorliegt und
- der Grundsatz der **Nichtöffentlichkeit** eingehalten wird.

87. Gelten die Regelungen für virtuelle Sitzungen in der Geschäftsordnung des Betriebsrats auch für Ausschusssitzungen?

Die Regelungen in der Geschäftsordnung des BR gelten zunächst erst einmal nur für diesen selbst und binden dann die Betriebsratsmitglieder. Allerdings kann der BR mit der Mehrheit seiner Stimmen (vgl. § 36 BetrVG) auch Regelungen treffen, die (auch) für die Ausschüsse des BR gelten und insoweit auch die jeweiligen **Ausschussmitglieder binden.** Denkbar ist daher nicht nur, dass

- in der Geschäftsordnung des BR **ausdrücklich** auch **virtuelle Sitzungen** seiner Ausschüsse **zugelassen** werden und die erforderlichen konkretisierenden Regelungen in der Geschäftsordnung abschließend verankert werden.

In der Geschäftsordnung des BR kann vielmehr auch

- ein ausdrückliches **Verbot von virtuellen Ausschusssitzungen** vorgesehen werden, an das sich die Ausschussmitglieder halten müssen.

Denkbar ist darüber hinaus, dass die Geschäftsordnung des BR

- den Ausschüssen ausdrücklich die Möglichkeit eröffnet, in einer **eigenen,** vom Ausschuss verabschiedeten **Geschäftsordnung** Regelungen zu virtuellen Ausschusssitzungen zu treffen.

Problematisch sind dagegen die Fälle, in denen die Geschäftsordnung des BR zu der Frage schweigt, ob die Ausschüsse virtuelle Sitzungen durchführen können bzw. ob diese eine entsprechende Regelung in ihrer eigenen Geschäftsordnung vornehmen dürfen. Hier wird vertreten, dass der Ausschuss **ohne ausdrückliche Ermächtigung** in der vom BR erlassenen Geschäftsordnung keine eigenständige Regelung zur Zulässigkeit virtueller Ausschusssitzungen treffen darf. Dies wird damit begründet, dass nach der Intention des Gesetzes allein der BR entscheiden soll, ob und in welchem Umfang – und damit auch seine Ausschüsse betreffend – virtuelle Sitzungen zulässig sein sollen.

XII. Virtuelle Betriebsversammlungen

Die anlässlich der COVID-19-Pandemie geschaffene Sonderregelung in § 129 BetrVG ermöglichte aus Gründen des Infektionsschutzes, Betriebsversammlungen (§ 42 BetrVG) *„mittels audio-visueller Einrichtungen“* durchzuführen. Damit waren virtuelle Betriebsversammlungen gestattet, soweit sichergestellt wurde, dass *„nur teilnahmeberechtigte Personen Kenntnis vom Inhalt der Versammlung nehmen können“*. Fraglich ist, ob virtuelle Betriebs(teil)versammlungen weiterhin zulässig sind bzw. zumindest die Möglichkeit besteht, dass einzelne Teilnehmer zugeschaltet werden. Die Antworten darauf gibt dieses Kapitel.

88. Können Betriebs(teil)versammlungen virtuell durchgeführt werden?

Mit Ablauf des 7.4.2023 ist die zuletzt in § 129 Abs. 1 BetrVG verankerte Sonderregelung zur Zulässigkeit virtueller Betriebsversammlungen außer Kraft getreten. Damit gilt jetzt wieder die „alte“ Rechtslage. Dies wiederum bedeutet, dass nach der derzeit wohl überwiegend vertretenen Ansicht virtuelle Betriebs(teil)versammlungen **unzulässig** sind. Dafür bedürfte es einer gesonderten Rechtsgrundlage, mit der sichergestellt wird, dass das Gebot der

Nichtöffentlichkeit sowie das **Persönlichkeitsrecht** der aktiv teilnehmenden Arbeitnehmer gewahrt ist. Daher ist es nach aktueller Rechtslage (Fitting BetrVG § 42 Rn. 1a)

- weder zulässig, eine virtuelle Betriebs(teil)versammlung durchzuführen,
- noch dürfen teilnahmeberechtigte Personen zu einer in Präsenz durchgeführten Betriebs(teil) versammlung zugeschaltet werden und digital an der Versammlung teilnehmen.

Eine ganz oder teilweise virtuell durchgeführte Betriebs(teil)versammlung wäre nach dieser Sichtweise **rechtswidrig**. Mit der virtuellen Durchführung würde der BR seine aus §§ 42 ff. BetrVG folgende Pflicht zur Durchführung der Versammlung als Präsenzveranstaltung verletzen.

Praxistipp

Bis zu einer höchstrichterlichen Klärung bzw. soweit und solange keine ausdrückliche Rechtsgrundlage besteht, sollte von virtuellen Betriebs (teil)versammlungen abgesehen werden.

89. Können Arbeitnehmer an einer in Präsenz stattfindenden Betriebs (teil)versammlung durch Zuschaltung digital teilnehmen?

Nein, nach der derzeit wohl überwiegend vertretenen Ansicht ist auch die Zuschaltung von teilnahmeberechtigten und zB im Homeoffice oder Außendienst tätigen Personen zu einer Betriebs(teil) versammlung **unzulässig** (→ *Frage 88: Können Betriebs(teil)versammlungen virtuell durchgeführt werden?*).

XIII. Virtuelle Sprechstunden des Betriebsrats

Der BR kann Sprechstunden einführen, die regelmäßig als Präsenzsprechstunde durchgeführt werden. In der betrieblichen Praxis kann allerdings, etwa aufgrund einer hohen Anzahl auswärtig (zB im Homeoffice) tätiger Arbeitnehmer, das Bedürfnis an der Einführung virtueller Sprechstunden entstehen. Inwieweit diese zulässig sind und der Arbeitgeber die dafür benötigte Ausstattung zur Verfügung stellen muss, wird in diesem Kapitel behandelt.

90. Darf der Betriebsrat virtuelle Sprechstunden durchführen?

Der BR kann grds. **frei** darüber entscheiden, ob er Sprechstunden einführt (vgl. § 39 Abs. 1 S. 1 BetrVG: „*kann*"). Das Gesetz erwähnt zwar (anders als etwa § 45 Abs. 3 BPersVG für den Bereich des Personalvertretungsrechts im öffentlichen Dienst) nicht die Möglichkeit der Durchführung von Sprechstunden mittels Video- und Telefonkonferenz. Allerdings schreibt das Gesetz auch nicht vor, dass Sprechstunden zwingend in einer bestimmten Form zB als **Präsenzsprechstunde** durchzuführen sind. Sprechstunden dürfen daher regelmäßig auch mittels Video- und Telefonkonferenz und damit auch virtuell durchgeführt werden. Allerdings ist bei der Einrichtung und Durchführung von virtuellen Sprechstunden zu berücksichtigen, dass

- für die Einführung virtueller Sprechstunden ein ordnungsgemäßer **Betriebsratsbeschluss** nach § 33 BetrVG notwendig ist; für diesen genügt – bei bestehender Beschlussfähigkeit (dazu § 33 Abs. 2 BetrVG) – die einfache Mehrheit der Stimmen der anwesenden Mitglieder,
- auch die **Aufzeichnung** virtueller Sprechstunden unzulässig ist

und

- durch entsprechende technische und organisatorische **Schutzmaßnahmen** (→ *Frage 70: Muss sichergestellt werden, dass Unbefugte vom Inhalt der virtuellen Betriebsratssitzung keine*

Kenntnis nehmen können?) die Einhaltung des Datenschutzes zu beachten und damit sicherzustellen ist, dass unbefugte Dritte keine Kenntnis vom Inhalt der Sprechstunde erlangen können (Fitting BetrVG § 39 Rn. 8).

Nach § 39 Abs. 1 S. 2 BetrVG bedarf es hinsichtlich **Zeit und Ort der Sprechstunden** einer Vereinbarung mit dem Arbeitgeber, wenn diese **während der Arbeitszeit** stattfinden sollen. Dieses Erfordernis besteht auch bei virtuellen Sprechstunden (Fitting BetrVG § 39 Rn. 11).

Allerdings betrifft die Entscheidung, ob die Sprechstunden virtuell abgehalten werden, die Art und Weise, dh die **Form der Sprechstunde** und nicht die Bestimmung des Ortes der Sprechstunde. Der Ort iSv § 39 Abs. 1 S. 2 BetrVG kennzeichnet einen real zu betretenden physischen Raum, den die Arbeitnehmer im Rahmen einer Präsenzsprechstunde des BR aufsuchen, nicht dagegen einen virtuell zu betretenden Raum. Daher ist hinsichtlich der Entscheidung des BR, Sprechstunden in virtueller Form einzuführen, selbst dann keine Vereinbarung nach § 39 BetrVG zu treffen, wenn die virtuellen Sprechstunden während der Arbeitszeit stattfinden sollen.

Eine notfalls durch Spruch der Einigungsstelle herbeizuführende **Vereinbarung mit dem Arbeitgeber** nach § 39 Abs. 1 BetrVG bedarf es aber auch bei virtuellen Sprechstunden dann, wenn diese während der Arbeitszeit stattfinden sollen. Hier wären dann folgende Punkte zu regeln (Fitting BetrVG § 39 Rn. 12):

- **zeitlicher Umfang** der Sprechstunden,
- **Lage** während der Arbeitszeit,
- **Häufigkeit** der Sitzungen.

91. Muss der Arbeitgeber dem Betriebsrat die für die Abhaltung virtueller Sprechstunden notwendige IT und Kommunikationstechnik zur Verfügung stellen?

Der Arbeitgeber muss dem BR die für die Abhaltung virtueller Sprechstunden notwendige IuK-Technik nur dann zur Verfügung stellen, wenn die Abhaltung von Sprechstunden in virtueller Form erforderlich iSv. § 40 Abs. 2 BetrVG ist (→ *Frage 17: Inwieweit besteht ein Anspruch des Betriebsrats auf IT bzw. Kommunikationstechnik?*). Die **Erforderlichkeit** kann sich aufgrund besonderer Umstände ergeben. Solche können zu bejahen sein, wenn

- ein Großteil der vom BR vertretenen Arbeitnehmer aufgrund der Eigenart der Beschäftigung (zB Tätigkeit im Homeoffice oder Außendienst) eine **auswärtige Tätigkeit** erbringt, also außerhalb der festen Betriebsstätte tätig ist oder sich aufgrund bestehender Arbeitszeitmodelle (insbesondere **Teilzeitmodelle**) bzw. der *Pflege/Betreuung* naher Angehöriger zum Zeitpunkt der Sprechstunden nicht auf dem Betriebsgelände befindet

und

- daher bzw. aufgrund des Erfordernisses, bis zum Betriebsgelände einen sehr **weiten Weg** (als Maßstab dafür könnte § 4 Abs. 1 Nr. 1 BetrVG herangezogen werden) zurücklegen zu müssen, für diese Arbeitnehmer die Wahrnehmung der in Präsenz angebotenen Sprechstunden nicht möglich bzw. **unzumutbar** ist.

XIV. Datenschutz/Umgang mit Arbeitnehmerdaten

Bei der Betriebsratsarbeit werden regelmäßig personenbezogene Daten verarbeitet. Daher spielt auch hier, insbesondere bei der digitalen Betriebsratsarbeit, der Datenschutz eine besondere Rolle. Dieses Kapitel geht auf zentrale Fragestellungen des Datenschutzes ein, die sich im Zusammenhang mit der digitalen Betriebsratsarbeit stellen können.

92. Trifft den Betriebsrat bei seiner (digitalen) Betriebsratstätigkeit die Verantwortlichkeit für den Datenschutz?

Im Rahmen einer Betriebsratstätigkeit, insbesondere wenn diese digital erfolgt, werden regelmäßig personenbezogene Daten verarbeitet. Der Gesetzgeber hat klargestellt, dass der Arbeitgeber auch hier der für die Verarbeitung **Verantwortliche** iSv Art. 4 Nr. 7 DS-GVO bleibt, soweit der BR zur Erfüllung der in seiner Zuständigkeit liegenden (gesetzlichen) Aufgaben personenbezogene Daten verarbeitet (§ 79a S. 2 BetrVG). Daher kann zunächst davon ausgegangen werden, dass nicht der BR, sondern der Arbeitgeber datenschutzrechtlich nach Art. 4 DS-GVO die alleinige Verantwortung für den Datenschutz trägt (Fitting BetrVG § 79a Rn. 19 auch mit dem Hinweis auf europarechtliche Bedenken).

Dies bedeutet aber nicht, dass der BR bei seiner Tätigkeit die **Vorgaben des Datenschutzes** nicht zu beachten braucht (→ *Frage 93: Inwieweit muss der Betriebsrat bei seiner Tätigkeit die Vorgaben des Datenschutzes beachten?*). Zudem ist zu bedenken, dass das Gesetz zur Gewährleistung des Datenschutzes Arbeitgeber und BR dazu verpflichtet, sich gegenseitig bei der Einhaltung der datenschutzrechtlichen Vorschriften zu unterstützen (§ 79a S. 3 BetrVG). Aus dieser **Unterstützungspflicht** wird u. a. abgeleitet, dass der Arbeitgeber gegenüber dem BR **Auskunftsansprüche** haben kann (→ *Frage 95: Kann der Arbeitgeber die Übermittlung von personenbezogenen Daten davon abhängig machen, dass ihm der Betriebsrat zuvor das Bestehen eines Datenschutzkonzepts darlegt?*; Fitting BetrVG § 79a Rn. 41).

Der Arbeitgeber kann vom BR Informationen über die von **diesem getroffenen Datenschutzmaßnahmen** verlangen (→ *Frage 14: Ist der Arbeitgeber über die getroffenen Datenschutzmaßnahmen zu informieren?*)

93. Inwieweit muss der Betriebsrat bei seiner Tätigkeit die Vorgaben des Datenschutzes beachten?

Der BR ist nicht nur nach § 80 Abs. 1 Nr. 1 BetrVG verpflichtet, die Einhaltung der datenschutzrechtlichen Bestimmungen im Betrieb zu **überwachen.** Ihm dürfen personenbezogene Daten (zB Sozialdaten von Arbeitnehmern) auch nur zu Zwecken zur Verfügung gestellt werden, die das BetrVG ausdrücklich vorsieht (BAG 6.6.2023 – 9 AZR 383/19). Der BR legt zwar die Zwecke und Mittel der Verarbeitung personenbezogener Daten fest, indem er durch Gremiumsbeschluss darüber entscheidet, unter welchen konkreten Umständen er

- in Ausübung seiner gesetzlichen Aufgaben
- welche konkreten personenbezogenen Daten vom Arbeitgeber fordert und
- auf welche Weise er diese anschließend verarbeitet (BAG 6.6.2023 – 9 AZR 383/19).

Er hat aber dabei sowie allgemein bei der im Rahmen seiner Tätigkeit erfolgenden Verarbeitung personenbezogener Daten (zB Namen und Sozialdaten von Arbeitnehmern) die Vorgaben des Datenschutzes auch **selbst** zu **beachten** und einzuhalten (Fitting BetrVG § 80 Rn. 7, Fitting BetrVG § 79a Rn. 22 und 23; umfassend → *Datenschutz in der Betriebsratsarbeit*).

94. Hat der Betriebsrat eigenverantwortlich die Umsetzung technischer und organisatorischer Maßnahmen zur Gewährleistung des Datenschutzes vorzunehmen?

Ja, innerhalb seines Zuständigkeitsbereichs ist der BR dazu verpflichtet, **eigenverantwortlich** die zur Gewährleistung der Datensicherheit (Art. 24, 32 DS-GVO) notwendigen **technischen und organisatorischen Maßnahmen** (TOM) umzusetzen. Um dies zu ermöglichen, hat der Arbeitgeber den BR *„mit den erforderlichen Sachmitteln, wie etwa geeigneten Sicherungseinrichtungen für Unterlagen mit personenbezogenen Daten, auszustatten"* (BT-Drs. 19/28899, 22; Fitting BetrVG § 79a Rn. 40; zu einzelnen TOM → *Frage 13: Inwieweit unterliegt die mobile Betriebsratstätigkeit den Anforderungen des Datenschutzes?*).

95. Kann der Arbeitgeber die Übermittlung von personenbezogenen Daten davon abhängig machen, dass ihm der Betriebsrat zuvor das Bestehen eines Datenschutzkonzepts darlegt?

Soweit der BR im Rahmen der Erfüllung seiner gesetzlichen Aufgaben Zugriff auf **besonders sensible Daten** (vgl. Art. 9 Abs. 1, Art. 4 Nr. 15 DS-GVO) wie zB **Gesundheitsdaten** von Arbeitnehmern benötigt, wird vertreten, dass der Arbeitgeber die Übermittlung von derartig sensiblen Daten davon abhängig machen kann, dass der BR zuvor das Bestehen eines wirksamen Datenschutzkonzepts darlegt.

Dazu sowie zu dem nötigen Datenschutzkonzept → *Frage 13: Inwieweit unterliegt die mobile Betriebsratstätigkeit den Anforderungen des Datenschutzes?*

96. Unterliegt der Betriebsrat einer Kontrolle durch den betrieblichen Datenschutzbeauftragten?

Der Arbeitgeber kann zwar vom BR Informationen über die von diesem getroffenen Maßnahmen des Datenschutzes verlangen (→ *Frage 14: Ist der Arbeitgeber über die getroffenen Datenschutzmaßnahmen zu informieren?*). Darüber hinaus kann er die Übermittlung von sensiblen Daten davon abhängig machen, dass der BR zuvor das Bestehen eines wirksamen Datenschutzkonzepts darlegt (→ *Frage 13: Inwieweit unterliegt die mobile Betriebsratstätigkeit den Anforderungen des Datenschutzes?*. Es besteht aber **kein allgemeines Überwachungsrecht** des Arbeitgebers (→ *Frage 23: Darf der Arbeitgeber E-Mail-Konten des Betriebsrats kontrollieren?*).

Allerdings unterliegt die Verarbeitung personenbezogener Daten durch den BR unter Geltung der DS-GVO der Überwachung durch den betrieblichen **Datenschutzbeauftragten** (s. dazu LAG Baden-Württemberg 20.5.2022 – 12 TaBV 4/21, nachfolgend BAG 9.5.2023 – 1 ABR 14/22; Fitting BetrVG § 79a Rn. 54).

97. Kann der Betriebsratsvorsitzende betrieblicher Datenschutzbeauftragter sein?

Seit Inkrafttreten der Datenschutz-Grundverordnung (DS-GVO) wird darüber gestritten, ob der Betriebsratsvorsitzende zugleich auch Datenschutzbeauftragter seines Arbeitgebers sein kann (→ *Datenschutz in der Betriebsratsarbeit / Frage 48: Kann der Betriebsratsvorsitzende der betriebliche Datenschutzbeauftragte sein?*). Das Bundesarbeitsgericht (BAG) hat im Juni 2023 klargestellt, dass dies nicht zulässig ist, da die Aufgaben eines Betriebsratsvorsitzenden und eines Datenschutzbeauftragten typischerweise nicht durch dieselbe Person ohne Interessenkonflikt ausgeübt werden können. Die Unvereinbarkeit beider Ämter stellt daher einen wichtigen Grund zur Abberufung des Betriebsratsvorsitzenden als Datenschutzbeauftragten dar (BAG 6.6.2023 – 9 AZR 383/19).

XV. Schulungsbedarf des Betriebsrats

Die Erledigung der Betriebsratsarbeit in einer digitalisierten Arbeitswelt erfordert im Regelfall Kenntnisse zur Funktionsweise bzw. zum Einsatz digitaler Technologien. Bei einem damit verbundenen Schulungsbedarf kann sich die Frage nach der Erforderlichkeit der jeweiligen Schulung stellen. Diese und die Frage, inwieweit der Arbeitgeber den BR im Rahmen erforderlicher Schulungen (auch zu herkömmlichen Themen) auf die Möglichkeit einer digitalen Schulung verweisen kann, werden mit diesem Kapitel beantwortet.

98. Besteht ein Anspruch auf Teilnahme an Schulungen, in denen Kenntnisse im Zusammenhang mit der digitalen Betriebsratsarbeit vermittelt werden?

Es besteht ein **kollektiver Anspruch** des BR gegenüber dem Arbeitgeber darauf,

- dass Mitglieder des BR zur Teilnahme an Schulungsveranstaltungen **bezahlt freigestellt** werden, um an einer Schulung teilnehmen zu können, in der für die Betriebsratsarbeit **erforderliche Kenntnisse** vermittelt werden (§ 37 Abs. 6 S. 1 iVm Abs. 2 S. 1 BetrVG; Fitting BetrVG § 37 Rn. 136 ff.; → *Schulung und Arbeitsmittel / II. Einleitung*).

Soweit die Voraussetzungen einer bezahlten Arbeitsbefreiung (§ 37 Abs. 6 S. 1 iVm Abs. 2 S. 1 BetrVG) erfüllt sind, kann im Regelfall darüber hinaus verlangt werden,

- dass der Arbeitgeber auch die erforderlichen **Kosten** der Teilnahme an der entsprechenden Schulungsveranstaltung trägt (§ 40 Abs. 1 BetrVG; BAG 17.11.2021 – 7 ABR 27/20; Fitting BetrVG § 40 Rn. 69).

Für die Betriebsratsarbeit sind regelmäßig Kenntnisse zur digitalen Betriebsratsarbeit und dementsprechende Schulungen (iSv § 37 Abs. 6 S. 1 BetrVG) **erforderlich,** insbesondere auf folgenden Gebieten:

- **Bildschirmarbeit** (Fitting BetrVG § 37 Rn. 149),
- **Datenschutz** im Betrieb (Fitting BetrVG § 37 Rn. 149),
- **Digitalisierung** der Arbeitswelt (Fitting BetrVG § 37 Rn. 144),
- **EDV-Systeme** (Fitting BetrVG § 37 Rn. 149),
- **Homeoffice** (siehe mobile Arbeit),
- **mobile Arbeit** (Fitting BetrVG § 37 Rn. 149),
- Einsatz von **Personalcomputern (PC)** für die Erledigung von Betriebsratsarbeit (Fitting BetrVG § 37 Rn. 152),
- **Telearbeit** (siehe mobile Arbeit),
- **virtuelle Gremiensitzungen** (Video- und Telefonkonferenzen) (Althoff ArbRAktuell 2020, 442 (443)).

Ob eine konkret in Aussicht genommene Schulung tatsächlich erforderlich ist, wäre im Streitfall gerichtlich zu klären. In welchem Umfang hier zur Erforderlichkeit vorgetragen werden muss, hängt davon ab, ob mit der Schulung **unverzichtbares Grundwissen** oder ob über das Grundwissen hinausgehende Kenntnisse vermittelt werden sollen. Bei der Vermittlung von unverzichtbarem Grundwissen soll das einzelne Mitglied erst in die Lage versetzt werden, seine Rechte und Pflichten als Betriebsratsmitglied ordnungsgemäß wahrnehmen zu können. Daher wird

- bei **Grundlagenschulungen** regelmäßig die Erforderlichkeit angenommen, ohne dass dies näher zu begründen wäre (BAG 17.11.2021 – 7 ABR 27/20; Fitting BetrVG § 37 Rn. 143).

Dagegen muss

- bei Schulungen, in denen über das unverzichtbare Grundwissen hinausgehende Kenntnisse (**Spezialkenntnisse**) vermittelt werden sollen, ein **aktueller betriebsbezogener Anlass** für die Annahme bestehen, dass die in der Schulungsveranstaltung zu erwerbenden besonderen Kenntnisse derzeit oder in naher Zukunft von dem zu schulenden Betriebsratsmitglied benötigt werden, damit der BR seine Beteiligungsrechte sach- und fachgerecht ausüben kann (BAG 17.11.2021 – 7 ABR 27/20; Fitting BetrVG § 37 Rn. 143).

In den folgenden Fallgestaltungen liegt regelmäßig eine Schulung vor, in der **Spezialkenntnisse** vermittelt werden und daher im Streitfall die Darlegung eines aktuellen betriebsbezogenen Anlasses erforderlich ist:

- Schulung zum **Einsatz von Personalcomputern (PC)** für die Erledigung von Betriebsratsarbeit (LAG Hamm 16.7.2010 – 10 Sa 291/10; Fitting BetrVG § 37 Rn. 152) – möglicher aktueller betriebsbezogener Anlass: Anschaffung eines PC für die Betriebsratsarbeit, Einführung eines neuen EDV-Systems bzw. grundlegende Änderung der PC-Arbeit für den BR,
- Schulung zum **Textverarbeitungsprogramm Word** (LAG Schleswig-Holstein 3.6.2003 – 4 TaBV 24/02) – möglicher aktueller betriebsbezogener Anlass: Mitglied soll überwiegend Schreibarbeiten für den BR erledigen und verfügt noch nicht über hinreichende Kenntnisse des dafür zu nutzenden Textverarbeitungsprogramms; Einführung eines neuen Textverarbeitungsprogramms),
- Schulung zur **Tabellenkalkulation** Excel (LAG Hamm 16.7.2010 – 10 Sa 291/10),
- Schulungen zu **aktuellen datenschutzrechtlichen Problemen**, neuen Technologien und damit verbundenen Auswirkungen auf Mitbestimmungsrechte des BR (LAG Hamburg 4.12.2012 – 4 TaBV 14/11) – möglicher aktueller betriebsbezogener Anlass: Tätigkeit des zu schulenden Mitglieds in einem EDV-Ausschuss, in dem es sich mit diversen aktuellen IT-Themen (zB zur elektronischen Personalakte) befassen muss.

99. Besteht eine Pflicht des Betriebsrats, statt an einer Präsenzschulung an einer (kostengünstigeren) Online-Schulung teilzunehmen?

Im Regelfall muss sich der BR nicht auf eine (kostengünstigere) Online-Schulung gleicher Dauer und gleichen Schulungsstoffs verweisen lassen. Eine andere Beurteilung kann dann angezeigt sein, wenn die Angebote für beide Schulungsformen (Präsenz- und Online-Format) auch nach Ansicht des BR im Rahmen des ihm zustehenden Ermessens als **qualitativ gleichwertig** zu bewerten wären. Bei einer kurzen Schulungsdauer von wenigen Stunden kann dies der Fall sein. Dagegen ist bei längeren, insbesondere mehrtägigen Schulungen regelmäßig davon auszugehen, dass hier ein Online-Format ggf. den Erfahrungsaustausch zwischen den Schulungsteilnehmern sowie die Interaktion mit der Seminarleitung erschweren kann und der Schulungserfolg nur schwer zu erreichen sein wird (LAG Düsseldorf 24.11.2022 – 8 TaBV 59/21; Althoff ArbRAktuell 2020, 442 (444)).

Muster

Muster 1: Geschäftsordnungsregelung zur vollständig virtuellen Betriebsratssitzung sowie zur virtuellen Sitzungsteilnahme einzelner Mitglieder

§ …… Virtuelle Betriebsratssitzungen/Virtuelle Sitzungsteilnahme

Die Sitzungen des Betriebsrats finden grundsätzlich in körperlicher Anwesenheit aller geladenen Mitglieder und aller weiteren geladenen Sitzungsteilnehmer statt (Präsenzsitzung). In Ausnahme dazu können Betriebsratssitzungen unter Einhaltung der nachstehenden Bestimmungen ganz oder teilweise virtuell durchgeführt werden, und zwar allein in Form von Videokonferenzen[1]:

1. Virtuelle Betriebsratssitzung

a) Eine Betriebsratssitzung kann ausnahmsweise vollständig per Videokonferenz (virtuelle Betriebsratssitzung) durchgeführt werden, wenn

- im Rahmen der Sitzung absehbar keine Beschlüsse gefasst werden, zB dann, wenn lediglich Anhörungen oder Unterrichtungen durch den Arbeitgeber auf der Tagesordnung stehen

oder

- eine virtuelle Betriebsratssitzung zur Einhaltung einer gesetzlichen Frist ausnahmsweise nötig ist.

Die in diesen Fällen zu treffende Entscheidung, ob die Sitzung als Präsenzsitzung oder als virtuelle Betriebsratssitzung durchgeführt wird, trifft der Vorsitzende. Er hat den zu ladenden (Ersatz-)Mitgliedern in der Ladung den Grund für die virtuelle Durchführung der Sitzung mitzuteilen.

b) Eine Betriebsratssitzung wird ausnahmsweise dann vollständig per Videokonferenz (virtuelle Betriebsratssitzung) durchgeführt, wenn

- dies zum Schutz aller an der Sitzung teilnahmeberechtigten (Ersatz-)Mitglieder erforderlich ist, zB bei Vorliegen einer epidemischen Lage von nationaler Tragweite (vgl. § 5 Infektionsschutzgesetz)

oder

- bei sämtlichen teilnahmeberechtigten (Ersatz-)Mitgliedern ein Hinderungsgrund nach Ziff. 2a) vorliegt.

2. Virtuelle Teilnahme an einer Präsenzsitzung (hybride Betriebsratssitzung)

a) Es ist möglich, dass ein Betriebsratsmitglied mittels Videokonferenz an einer Betriebsratssitzung teilnimmt, wenn ihm eine Präsenzteilnahme aufgrund einer der nachfolgend aufgeführten, am Sitzungstag vorliegenden Fallgestaltung unmöglich bzw. unzumutbar ist:

- auswärtige Tätigkeit des Betriebsratsmitglieds (zB infolge einer Dienstreise oder Homeoffice-Tätigkeit) an einem Ort, der räumlich weit entfernt (Maßstab ist hier § 4 Abs. 1 Nr. 1 BetrVG) vom Sitzungsort liegt,
- Teilzeitbeschäftigung des Betriebsratsmitglieds oder dieses betreffende Pflichten zur Pflege oder Betreuung naher Angehöriger,
- körperliche Beeinträchtigung des Betriebsratsmitglieds.

b) Der Wunsch nach einer virtuellen Teilnahme an der Präsenzsitzung nebst vorliegendem Hinderungsgrund ist dem Vorsitzenden von dem betreffenden Mitglied innerhalb von … Tagen nach Zugang der Ladung zur Sitzung, bei außerordentlichen Sitzungen innerhalb einer vom Vorsitzenden zu bestimmenden Frist, zumindest in Textform (zB per E-Mail) mitzuteilen. Für Nachrücker wird mit deren Einladung eine gesonderte Frist bestimmt. Die Möglichkeit der körperlichen Anwesenheit an der Präsenzsitzung bleibt auch dann bestehen, wenn der Wunsch nach einer virtuellen Teilnahme mitgeteilt wurde.

c) Der Vorsitzende kann auch zur Sitzungsteilnahme berechtigten Personen, die nicht (Ersatz-)Mitglieder sind, auf deren Wunsch hin eine virtuelle Teilnahme an der Präsenzsitzung ermöglichen.

3. Einladung zur Sitzung

Der Vorsitzende hat den zu ladenden (Ersatz-)Mitgliedern in der Ladung zu einer virtuellen Sitzung (Ziff. 1) mitzuteilen, dass diese (vollständig) virtuell durchgeführt werden soll, und zugleich den Grund dafür zu nennen. In der Ladung zu einer Präsenssitzung wird auf die Möglichkeit zur virtuellen Teilnahme (Ziff. 2) hingewiesen.

Der Vorsitzende hat darüber hinaus in der Ladung eine angemessene Frist zu setzen, innerhalb derer die teilnahmeberechtigten (Ersatz-)Mitglieder ihm gegenüber der virtuellen Sitzung insgesamt (Ziff. 1) oder generell einer virtuellen Teilnahme (Ziff. 2) gem. § 30 Abs. 2 S. 1 Nr. 2 BetrVG widersprechen können.

4. Durchführung der Sitzung

Die virtuelle Sitzung (Ziff. 1) sowie eine virtuelle Teilnahme (Ziff. 2) sollen mittels der Verschlüsselung der Verbindung erfolgen.

Die virtuell teilnehmenden (Ersatz-)Mitglieder bestätigen dem Vorsitzenden gegenüber zu Beginn der Sitzung ihre Teilnahme per E-Mail. Die entsprechenden Bestätigungen werden ausgedruckt und zur Sitzungsniederschrift genommen.

Die virtuell teilnehmenden (Ersatz-)Mitglieder stellen sicher, dass unbefugte Dritte – also an der Sitzung bzw. am konkreten Tagungsordnungspunkt nicht teilnahmeberechtigte Personen – keine Kenntnis vom Inhalt der Sitzung erlangen können. Ferner bestätigen die virtuell teilnehmenden (Ersatz-)Mitglieder dem Vorsitzenden gegenüber zu Beginn der Sitzung, dass sich während der Sitzung keine unberechtigten Personen im Raum aufhalten, und sichern zu, dass eine unverzügliche Information des Vorsitzenden erfolgt, sobald ein unbefugter Dritter den Raum betreten sollte.

Eine Aufzeichnung der Sitzung sowie Bildschirmabgriffe, Screenshots etc sind unzulässig.

Anmerkungen

1 In dem vorliegenden Muster wird die Durchführung einer Betriebsratssitzung sowie die Teilnahme daran mittels Telefonkonferenz ausgeschlossen und lediglich die Möglichkeit einer virtuellen Durchführung/Teilnahme mittels Videokonferenz vorgesehen (→ *Frage 84: In welchem Verhältnis steht die virtuelle Betriebsratssitzung zur Präsenzsitzung sowie zur Betriebsratssitzung mittels Telefonkonferenz?*). Soll auch eine Teilnahme oder gar vollständige Durchführung einer Betriebsratssitzung mittels Telefonkonferenz ermöglicht werden, wäre dies hier und in den nachfolgenden Bestimmungen entsprechend zu berücksichtigen.

Muster 2: Einladung zu einer (rein) virtuellen Betriebsratssitzung

(Briefkopf Betriebsrat)

An alle Mitglieder des Betriebsrats

(Ort, Datum)

Einladung zur ordentlichen Betriebsratssitzung am ......

Liebe Kolleginnen und Kollegen,

am ...... findet ab ...... Uhr bis voraussichtlich ...... Uhr die nächste ordentliche Sitzung des Betriebsrats statt. Zu dieser Sitzung lade ich Euch hiermit ein. Die Tagesordnung der Sitzung findet Ihr im Anhang zu dieser Einladung.

Die Sitzung soll vollständig per Videokonferenz über Microsoft Teams[1] durchgeführt werden, da ......[2]. Die erforderlichen Zugangsdaten nebst entsprechendem Link zur Teilnahme an der Videokonferenz erhaltet Ihr von mir rechtzeitig vor Sitzungsbeginn per E-Mail.

Ihr habt das Recht, der Durchführung der Betriebsratssitzung in Form einer Videokonferenz bis spätestens ...... (Datum)[3] ...... Uhr (Uhrzeit)[4] zu widersprechen. Der Widerspruch muss bei mir eingehen. Widersprechen innerhalb der Frist mindestens ¼ aller teilnahmeberechtigten Betriebsratsmitglieder, dann wird die Sitzung als Präsenzsitzung durchgeführt, und zwar im Betriebsratsbüro[5].

Sofern ein Betriebsratsmitglied an der Sitzungsteilnahme verhindert sein sollte, bitte ich um unverzügliche Mitteilung unter Angabe des Grundes (§ 29 Abs. 2 BetrVG), damit dann das entsprechende Ersatzmitglied eingeladen werden kann.

Viele Grüße

Max Mustermann

(Betriebsratsvorsitzender)

Anmerkungen

1 Soweit eine andere Plattform genutzt wird, wäre diese zu benennen.

2 Hier wäre kurz der Grund mitzuteilen, weshalb die Sitzung vollständig virtuell durchgeführt wird (vgl. → *Muster 1: Geschäftsordnungsregelung zur vollständig virtuellen Betriebsratssitzung sowie zur virtuellen Sitzungsteilnahme einzelner Mitglieder* Ziff. 1 und 3).

3 Das Gesetz schreibt keine konkrete Frist vor; diese richtet sich nach den Umständen des Einzelfalls. Im Regelfall sollte – gerechnet ab dem Tag des Zugangs der Einladung – eine Frist von drei Kalendertagen angemessen sein. Ist also zB geplant, dass die Einladung den Mitgliedern am Montag, 4.3.2024, zugeht, dann wäre als Datum der 7.3.2024 anzugeben.

4 Wird lediglich ein bestimmter Tag (ohne Uhrzeit) genannt, dann können sich rechtliche Probleme ergeben, ob hier auch noch Widersprüche als an diesem Tag zugegangen (und damit fristgerecht) eingestuft werden, die außerhalb der üblichen Dienstzeiten des Vorsitzenden eingehen und von diesem dann erst am folgenden Tag gelesen werden. Denn der Vorsitzende ist nur im Rahmen seiner üblichen Dienstzeiten verpflichtet, etwaige Widersprüche zur Kenntnis zu nehmen. Daher sollte für den Ablauf der Frist neben dem Datum auch eine (in der üblichen Dienstzeit des Vorsitzenden liegende) Uhrzeit angegeben werden.

5 Es sollte vorsorglich bereits der Ort für die ggf. notwendige Präsenzsitzung angegeben werden; ist dies nicht das Betriebsratsbüro, dann wäre der Sitzungsort entsprechend anzupassen.

Muster 3: Einladung zu einer Präsenzsitzung mit virtueller Teilnahmemöglichkeit

(Briefkopf Betriebsrat)

An alle Mitglieder des Betriebsrats

(Ort, Datum)

Einladung zur ordentlichen Betriebsratssitzung am ......

Liebe Kolleginnen und Kollegen,

am ...... findet ab ...... Uhr bis voraussichtlich ...... Uhr im Betriebsratsbüro[1] die nächste ordentliche Sitzung des Betriebsrats statt. Zu dieser Sitzung lade ich Euch hiermit ein. Die Tagesordnung der Sitzung findet ihr im Anhang zu dieser Einladung.

Die Sitzung wird als Präsenzsitzung durchgeführt. Bei Erfüllung der Voraussetzungen nach § ...... Ziff. 2 der Geschäftsordnung kommt eine virtuelle Teilnahme einzelner Mitglieder über Microsoft Teams[2] an der Präsenzsitzung auf deren Wunsch hin in Betracht. Der Wunsch nebst vorliegendem Hinderungsgrund ist dem Vorsitzenden von dem betreffenden Mitglied innerhalb von ...... Kalendertagen[3] nach Zugang dieser Ladung zur Sitzung zumindest in Textform (zB per E-Mail) mitzuteilen.

Ihr habt das Recht, der Möglichkeit einer virtuellen Teilnahme von Mitgliedern an dieser Präsenzsitzung generell zu widersprechen. Der Widerspruch muss mir bis spätestens ...... (Datum)[4] ...... Uhr (Uhrzeit)[5] vorliegen. Widersprechen innerhalb der Frist mindestens ¼ aller teilnahmeberechtigten Betriebsratsmitglieder, dann wird die Sitzung als reine Präsenzsitzung, dh ohne die Möglichkeit der virtuellen Teilnahme einzelner Mitglieder durchgeführt.

Sofern ein Betriebsratsmitglied an der Sitzungsteilnahme verhindert sein sollte, bitte ich um unverzügliche Mitteilung unter Angabe des Grundes (§ 29 Abs. 2 BetrVG), damit dann das entsprechende Ersatzmitglied eingeladen werden kann.

Viele Grüße

Max Mustermann

(Betriebsratsvorsitzender)

Anmerkungen

1 Der Ort für die Präsenzsitzung ist anzugeben. Soweit die Sitzung nicht im Betriebsratsbüro stattfindet, wäre der Sitzungsort entsprechend anzupassen.

2 Soweit eine andere Plattform genutzt wird, wäre diese zu benennen.

3 Auch diese Frist muss angemessen sein (zB drei Tage).

4 Das Gesetz schreibt keine konkrete Frist vor; diese richtet sich nach den Umständen des Einzelfalls. Im Regelfall sollte – gerechnet ab dem Tag des Zugangs der Einladung – eine Frist von drei Kalendertagen angemessen sein. Ist also zB geplant, dass die Einladung den Mitgliedern am Montag, 4.3.2024, zugeht, dann wäre als Datum der 7.3.2024 anzugeben.

5 Wird lediglich ein bestimmter Tag (ohne Uhrzeit) genannt, dann können sich rechtliche Probleme ergeben, ob hier auch noch Widersprüche als an diesem Tag zugegangen (und damit fristgerecht) eingestuft werden, die außerhalb der üblichen Dienstzeiten des Vorsitzenden eingehen und von diesem dann erst am folgenden Tag gelesen werden. Denn der Vorsitzende ist nur im Rahmen seiner üblichen Dienstzeiten verpflichtet, etwaige Widersprüche zur Kenntnis zu nehmen. Daher sollte für den Ablauf der Frist neben dem Datum auch eine (in der üblichen Dienstzeit des Vorsitzenden liegende) Uhrzeit angegeben werden.